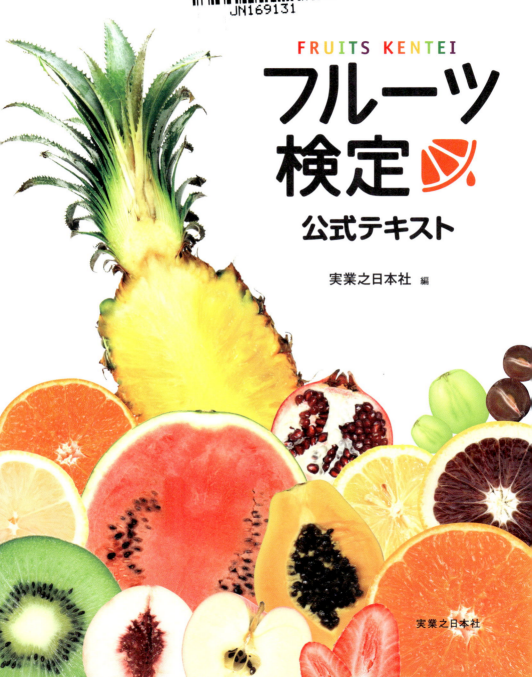

FRUITS KENTEI

フルーツ検定
公式テキスト

実業之日本社 編

実業之日本社

はじめに

　真っ赤に熟したイチゴ、果汁がほとばしるオレンジ、黒い宝石のように輝くブルーベリー。
　色鮮やかに食卓を彩るフルーツは、私たちの生活を楽しく、豊かにしてくれるものです。
　お祝いやお見舞いなどで、フルーツバスケットをもらって心が癒されたり、市場で木箱に入った色とりどりの果物が並ぶ様子にワクワクしたり。そんな経験を持つ人も多いでしょう。
　また、日本には古くからフルーツを「水菓子」とよび、菓子のひとつとして扱う独特の文化があります。
　そんな非日常のフルーツも素敵だけれど、もっと毎日の暮らしのなかにフルーツを取り入れてほしい──。本書はそうした思いで作成しました。
　さまざまな歴史を持つ国内外のフルーツの品種や特徴、見分け方、保存のポイント、栽培の工夫などを知ることで、きっとフルーツがもっと身近な存在になるはずです。
　「フルーツ検定」は、フルーツ検定実行委員会が主催する検定です。検定の対象者は、フルーツに興味のあるすべての方。本書は、試験のために用いるのはもちろん、フルーツについて学ぶことで、みなさんの日々の食生活がもっと彩り豊かな、広がりのあるものになることを祈っています。

本書の使い方

　本書は「フルーツ検定」の公式テキストです。
　フルーツは、ビタミン、ミネラル、食物繊維など私たちの体にとって不可欠な栄養素が多く含まれています。また、品種改良や栽培の工夫が重ねられたり、鮮度を保つための流通技術が革新したりと、日々、進化をとげています。
　フルーツ検定は、こうした"生活に役立つ、料理に役立つ、健康に役立つ"フルーツの知識を総合的に身につけることを目的としています。

第1章〜5章

第1章〜5章は、「果物図鑑」を掲載しています。私たちが日ごろ、よく目にする国産・輸入フルーツから始まり、日本固有の品種や品種改良によって生まれたものが多い柑橘類、さらに夏〜秋に果実を実らせ、秋〜冬になると完全に落葉する落葉果樹、年間を通じて葉を茂らせている常緑果樹を順に紹介します。

第6章

　第6章は、老舗のフルーツ専門店にフルーツカッティングの基礎を学びます。一コマずつ写真を掲載していますので、ぜひ実際にやってみてください。また、フルーツを生食するだけでなく、煮たり焼いたりさまざまな料理にすることで、さらに魅力がアップするフルーツを使ったサラダのレシピも紹介しています。

第7章

　第7章は、フルーツの生産や消費動向、流通、輸入・輸出の状況など、フルーツをとりまく情勢について学びます。フルーツをはじめとした「食べ物」から得られる栄養や、その働きについても紹介します。

　章の終わりや巻末には、フルーツの最新トレンドやこれからより深く学ぶためのきっかけとなるコラムを掲載しました。

　また、検定試験対策としてベーシック（初級）、プロフェッショナル（中〜上級）、それぞれの模擬問題も用意しました。本書をひととおり読み終わったら、ぜひ腕試しに取り組んでみてください。

はじめに……2
本書の使い方……3
本書の読み方／データ／用語……8

果物図鑑

第1章 よく目にする国産フルーツ

ミカン……*12*
リンゴ……*14*
スイカ……*16*
日本ナシ／西洋ナシ……*18*
カキ……*20*
ブドウ……*22*
メロン……*24*
イチゴ……*26*
モモ……*28*
スモモ／アンズ……*29*
サクランボ……*30*
ウメ……*32*
クリ／ビワ……*33*

Fruits column
ほとんどが手作業で行われるブドウ作りの1年……*34*

第2章 よく目にする輸入フルーツ

バナナ……*36*
パインアップル……*38*
グレープフルーツ……*40*
オレンジ……*42*
キウイフルーツ……*44*
アボカド……*46*
レモン……*47*

Fruits column
五感を使って楽しみたい フルーツの「おいしさ」……*48*

第3章 柑橘類

タンゴール類……*50*
文旦類……*53*
雑かん類・その他……*54*
香酸柑橘類……*58*

Fruits column
柑橘類の栽培方法あれこれ……*59*

第4章 落葉果樹

イチジク……*62*
ザクロ／アケビ……*63*
カリン／マルメロ……*64*
ナツメ／ポポー……*65*
ギンナン／サンショウ……*66*
ブルーベリー……*67*
ラズベリー／ハスカップ……*68*
ブラックベリー／カラント／いろいろなベリー類……*69*
ナッツ類……*71*

Fruits column
地域特有の食文化を育む日本のフルーツ……*72*

第5章 常緑果樹

マンゴー……74
オリーブ……75
パパイア／パッションフルーツ……76
ドラゴンフルーツ／スターフルーツ……77
アセロラ／アテモヤ／ヤマモモ……78
ライチ／グァバ……79

Fruits column
「食べる」以外のフルーツの楽しみ方……80

第6章 老舗フルーツパーラーの カッティングテクニック&フルーツレシピ

オレンジの飾り切り……82
リンゴの飾り切り……84
パインアップルの飾り切り……86
マンゴーの飾り切り……88
いちごのおもてなしサラダ……91
パイナップルのパワーサラダ……92
いちじくと焼き根菜のサラダ……93
グリーンキウイサラダ……94
フルーツドレッシング……95

第7章 フルーツをとりまく情勢

フルーツの需給構造……*98*
フルーツの生産動向……*99*
フルーツの消費動向……*100*
フルーツの消費拡大対策……*101*
フルーツの流通……*102*
フルーツの加工……*103*
フルーツの輸出……*104*
栄養の基本……*105*
フルーツに含まれる主な栄養素……*106*
フルーツに期待される健康効果……*108*

Fruits column
果物か野菜。それが問題だ!? 果樹園と畑で異なる地図記号……*112*

ちょっと知りたい！
フルーツのイイ話

モモには神秘的な力がある？……*113*
ビタミンの発見で解決した国民病……*114*
品種改良や突然変異で誕生する新品種……*115*
脂肪分が高いフランス料理には赤ワインを……*116*
ブドウからつくられるお酒、ワイン……*117*

「フルーツ検定」試験実施概要……*118*
ベーシック（初級）模擬問題……*119*
ベーシック（初級）解答と解説……*125*
プロフェッショナル（中～上級）模擬問題……*130*
プロフェッショナル（中～上級）解答と解説……*136*

参考文献・協力一覧……*141*
さくいん……*142*

本書の読み方

❶基本情報
フルーツの名前は、原則としてカタカナで表記しています。分類、英名、原産地、主な産地、輸入国を紹介します。

❷出回る時期
よく目にする時期を紹介しています。ただし、フルーツの出回る時期は、気象条件の変動を受けやすいため、ひとつの目安としてください。また、収穫量が少ないフルーツもありますので、必ずその時期になれば手に入るというわけではありません。

❸フルーツの特徴
名前の由来や産地、来歴、栽培方法、食べ方など、そのフルーツの特徴を紹介します。

❹写真
フルーツの写真です。引き出し線を使って、選び方・見分け方のコツを紹介します。

❺見分け方
さらに、見分け方を箇条書きで紹介します。

❻栄養のこと
そのフルーツの栄養について、特徴的なものを紹介します。

❼保存のポイント
フルーツは新鮮なうちに食べたほうが良いもの、追熟したほうが良いものがあります。保存のポイントや注意点を紹介します。

❽分類や品種、種類、仲間など
そのフルーツの分類や品種、仲間などを、さまざまな形で紹介します。特に柑橘類などは、品種改良により数多くの品種が存在するため、掛け合わせをカッコ（【 】）で記しました。カットの方法やミニコラムなどで、より詳しくそのフルーツについて学べます。

❾まめ知識
さらに、そのフルーツの知識を深めるためのミニ情報を紹介します。

●本書のデータ、用語など

　農林水産省では、園芸作物の生産振興を効果的に推進するため、おおむね「2年以上栽培する草本植物及び木本植物であって、果実を食用とするもの」を「果樹」として取り扱っています。
　この定義に従いますと、フルーツとして認識されることの多い、メロンやイチゴ、スイカは「一年生草本植物」のため、「野菜」と分類されることになります。また、一般的にフルーツかどうかの境界線があいまいな、クリやウメなどが「果樹」となります。

　本書では、読者が幅広いフルーツの知識を得て、豊かな食生活を送る一助となることを目的としているため、農林水産省が生産量などを把握している131品目の「果樹」をベースに、輸入量の多い果樹（バナナ、パインアップル、グレープフルーツなど）や、スイカ、メロン、イチゴなどの「果樹」に分類されていないものも「フルーツ」として紹介しています。

　また、第1章の「よく目にする国産フルーツ」については、2013（平成25）年の「作況調査（果樹）」に基づく「果樹生産出荷統計」、「特産果樹生産動態等調査」の「出荷量*」を、第2章の「よく目にする輸入フルーツ」は、2015年（平成27年）の「農林水産物輸出入概況」の「数量」を基礎データとしました。
　上記のデータを元に、なるべく、みなさんが多く目にするフルーツの順に掲載していますが、特性や品種などが似ている品目を一緒のページで紹介するなど、必ずしも順番にはなっていません。

　第3章の「柑橘類」については、第1章、第2章でとりあげていない柑橘類を「タンゴール類」「文旦類」「雑かん類・その他」「香酸柑橘類」にわけて紹介しました。分類は、各所の専門家などの協力を得ましたが、交配によって生まれる柑橘類の分類は非常に難しく、この分類以外にもさまざまな考え方があることをご了承ください。

　第4章、第5章は、第1〜3章でとりあげていない「落葉果樹」「常緑果樹」を紹介しています。

　この章でも、マメ科の落花生を「ナッツ類」として紹介するなど、厳密にフルーツと野菜を分けていないことをご了承下さい。

＊「出荷量」……収穫量のうち、生食用、加工用として販売した量をいい、生産者が自家消費した量、生産物を贈与した量、収穫後の減耗量を差し引いた重量をいう。なお、出荷量の計測は、集出荷団体等の送り状の控えまたは出荷台帳に記入される出荷の時点における出荷荷姿の表示数量（レッテルの表示量目）を用いる。

参考URL
農林水産省　果樹とは　　　http://www.maff.go.jp/j/seisan/ryutu/fruits/teigi.html
作況調査（果樹）　　　http://www.maff.go.jp/j/tokei/kouhyou/sakumotu/sakkyou_kazyu/index.html
特産果樹生産動態等調査　　http://www.maff.go.jp/j/tokei/kouhyou/tokusan_kazyu/index.html
農林水産物輸出入概況　　　http://www.maff.go.jp/j/tokei/kouhyou/kokusai/pdf/yusyutu_gaikyo_15.pdf

● 出荷量の多い国産フルーツ ●

順位	名称	トン
1	ミカン	804,400
2	リンゴ	660,700
3	スイカ	304,700
4	日本ナシ	246,400
5	カキ	177,400
6	ブドウ	173,600
7	メロン	153,100
8	イチゴ	151,800
9	モモ	114,100
10	ウメ	107,400

2013（平成25）年「果樹生産出荷統計」「特産果樹生産動態等調査」

● 輸入量の多いフルーツ ●

順位	名称	トン
1	バナナ	959,679
2	パインアップル	150,598
3	グレープフルーツ	100,959
4	オレンジ	84,113
5	キウイフルーツ	78,647
6	アボカド	57,588
7	レモン	48,557
8	メロン	23,766
9	ブドウ	21,915
10	マンダリン	11,644

2015（平成27）年「農林水産物輸出入概況」

第1章

よく目にする
国産フルーツ

この章では、出荷量が多く、私たちが暮らしのなかでもっともよく目にする国産フルーツをとりあげます。ミカンやリンゴ、ブドウ、イチゴなど、身近だからこそ、じっくりと向き合いたい果実ばかりです。栄養や保存のポイントを学び、上手に生活にとり入れましょう。

ミカン科ミカン属　　　mandarin

ミカン

原産地 インド・中国　　　**主な産地** 和歌山・愛媛・静岡

食べやすさで親しまれてきた

出回る時期 11月〜2月

一般的に呼ばれる「ミカン」は「温州みかん」を指します。「有田みかん」(和歌山県)「三ヶ日みかん」(静岡県)のように産地名をつけた名称で売られているものも多く、時期により品種は変わりますが、呼び名は変わりません。歴史は古く、江戸時代から栽培されていましたが、世継ぎを重視した当時は、種子がないことが嫌われ普及しませんでした。明治時代に入り、皮が簡単にむけ種なしの食べやすさと、食味の良さが理解され各地に広まっていきました。

果皮のツブツブが小さくはっきりしている

浮皮がない

大きすぎない果実がベター

見分け方
- 浮皮(果皮と果肉の間に隙間)がない
- 果皮の油ほう(ツブツブ)が小さくはっきりしている。
- 果実が大きすぎない。
- 中生種以降は扁平な形。

栄養のこと
色素成分カロテノイドの一種で、骨粗鬆症の予防が期待できるβクリプトキサンチンや抗酸化作用があるβカロテンを含みます。たくさん食べると手が黄色くなるのもこのためです。すじや薄皮にはペクチンによる整腸作用があります。

保存のポイント
収穫後は酸味も甘味も薄れてくるので早めに食べ、風通しの良い涼しい場所で保管。傷を付けないようなるべく手で触らないようにします。箱で買った場合は、下側のものから食べるようにして、傷んだものは取りのぞきましょう。

温州ミカンの分類

温州ミカンは出荷時期で極早生から晩生に分けられます。

極早生温州
9月〜10月
果皮に緑色が残り、爽やかな酸味が特徴的。じょうのう膜(袋)が比較的薄く食べやすい。

中生・普通温州
11月下旬〜12月下旬
酸味が少なめで甘味が強い。じょうのう膜や果皮は早生に比べると少し厚いが、日持ちが良い。

ハウスミカン
温室栽培されるミカンの総称で、「旬」を待てない人のために5月〜9月頃に出回る。

| 9 | 10 | 11 | 12 | 1 | 2 | 3 | 4 | 5 | 6 | 7 | 8 |

早生温州
10月下旬〜12月
程よい酸味で甘味が強く芳香も高い。じょうのう膜が薄くて食べやすい。

晩生温州
1月〜3月
酸味と甘味のバランスがよい。じょうのう膜も果皮もやや厚め。年内に収穫したものを長期貯蔵し酸味を落ち着かせてから出荷される。

ミカンの仲間

ミカンより皮は厚めだが、手でむける!

ポンカン
果皮はミカンより厚めですが、手でむけます。種が入る品種です。酸味が少なくて甘く、香りも良いのが特徴です。
産地：愛媛・鹿児島　原産地：インド
出回る時期：1月〜3月

甘みが強く、コクのある味わい

カラ
「カラマンダリン」ともいわれます。樹上で約一年かけてゆっくり成長するので、甘味が強くコクのある味わいです。見た目が似ている「南津海(なつみ)」は、吉浦ポンカンを掛けあわせた山口生まれの品種です。
【掛け合わせ】温州ミカン×キングマンダリン
産地：愛媛・三重　原産地：アメリカ
出回る時期：4月〜5月

小さめの種入りミカン

紀州みかん（小みかん）
温州ミカンより小さく、種が入ります。温州ミカンが普及する前には主力品種でした。徳川家康お手植えの樹が、静岡県の駿府城公園内にあります。
産地：鹿児島・熊本・和歌山　原産地：中国
出回る時期：12月〜1月

オレンジ香のあるミカン

はれひめ
2001年に品種登録された新しい品種で、愛媛県では一定基準以上のものを「瀬戸の晴れ姫」として出荷しています。香りがよくて、手で皮がむけ、袋ごと食べられます。
【掛け合わせ】（清見×オセオラ）×宮川早生
産地：愛媛・広島　出回る時期：11月〜1月

まめ知識　通常は種なしですが、甘夏やハッサクなどの花粉が近くにあると授粉してしまい、種入りの温州ミカンができる場合があります。

バラ科リンゴ属　　　apple

リンゴ

原産地 ヨーロッパからアジアにかけての地域　　**主な産地** 青森・長野

"ミツ"は"蜜"ではない

明治時代に渡来した苗木で始まり、現在は大半が国内育成品種に置き換わりました。代表格の「ふじ」は「Fuji」の名で、今や世界各地で栽培されていますが、食味の良好さと「ミツ入り」で好まれています。ミツの正体は、成長過程で果糖、ぶどう糖などに果実内で変換されるソルビトールが、成熟期になると変換されずに水分を吸収し、果肉に蓄積されたもの。ミツだけ食べても強い甘味を感じませんが、完熟のサインになり、時間が経つと消えていきます。

出回る時期
10月〜12月
（貯蔵技術の発達で周年流通している）

全体に張りがあるもの

尻部分に緑色が残っていない

見分け方
- 中玉で重量感があるもの。
- 全体的に張りがあるもの。
- 果皮が赤い品種は軸の反対側の尻部分に緑色が残っていないもの。

栄養のこと
他の果物と比べて特徴的な成分が見あたらないにも関わらず、数多くの研究結果から、心臓病や生活習慣病などの予防効果が期待されています。また、強い抗酸化力をもつポリフェノールの一種、プロシアニジンを含みます。

保存のポイント
ポリ袋にいれて冷蔵庫で保存します。果実の呼吸を抑制し、鮮度低下をおさえる技術（CA貯蔵、MA貯蔵）で貯蔵された果実が、年明けから初夏まで出回ります。低温で貯蔵されているため、常温にしたらなるべく早めに食べます。

\ リンゴの品種 /

生産量世界1位の品種

天然ワックスが鮮度を守る

ふじ／サンふじ

ミツが入りやすく生産量世界1位の品種。袋がけをせずに育てたものが「サンふじ」で太陽（サン）をたくさん浴びているので甘味が強いです。【掛け合わせ】国光×デリシャス

つがる

9月頃から出回る早生種。この品種にみられる皮のベタベタは、水分の蒸発を防ぎ鮮度を守ろうと、リンゴ自らが出す天然物質です。
【掛け合わせ】ゴールデンデリシャス×紅玉

煮崩れしにくい

長野の育成種

紅玉
こうぎょく

アメリカ生まれの品種。糖度が低く、独特の酸味があります。煮崩れしにくいので、アップルパイなど形を残して調理したいお菓子などに向いています。
【掛け合わせ】エソーパス×不明

シナノゴールド

「シナノスイート」「秋映（あきばえ）」とともに「りんご三兄弟」と呼ばれます。長野県の育成種。果皮は黄色で、糖度と酸度のバランスがよくサクサクとした食感です。
【掛け合わせ】ゴールデンデリシャス×千秋

王林
おうりん

果皮が黄緑色をしたリンゴの代表格で、「ふじ」「つがる」に次ぐ生産量。甘味が強い品種で完熟してもミツが入りません。
【掛け合わせ】ゴールデンデリシャス×印度

陸奥／サン陸奥
むつ

独特の香りをもち、大玉で見映えのする品種です。果皮は紅色ですが、袋がけせずに育てると皮が緑色や黄色になります。
【掛け合わせ】ゴールデンデリシャス×印度

 まめ知識 　品種改良が進み果肉が赤い品種や、カットフルーツ需要の高まりを受け、切っても変色しない品種も誕生しています。

ウリ科スイカ属　　　watermelon

スイカ

原産地 南アフリカ　　**主な産地** 熊本・千葉・山形

産地リレーで旬が2回?!

出回る時期
5月〜8月

原産地の南アフリカから中国を経由して渡来したものは、普及しませんでした。現在流通しているものは、明治時代に米国から導入されたものが祖先になります。当時は主に関東以南で栽培されていましたが、栽培技術の普及で東北や北海道にも栽培地域が広がりました。出荷量が最も多い熊本県産が5月に最盛期を迎えた後、産地が徐々に北へと移動し、再び夏に最盛期がやってきます。現在も需要に合わせたさらなる品種改良が進められています。

重量感があり形が整っている

果肉と果皮の境がはっきりしている

見分け方
- 形が整っているもの。
- 重量感があるもの。
- カットスイカは、種が黒くまわりがすいていない。果肉と果皮の境がはっきりしている。割れ目や黄色い筋が入っていない。

栄養のこと

約90％が水分ですが、βカロテンが緑黄色野菜に並ぶほど多く、100g中830μg含有。果肉の赤い色は抗酸化作用があるリコペン。しみの原因となるメラニンの生成をおさえ、日焼け（赤み）の軽減に役立つことが期待されています。

保存のポイント

風通しの良い涼しい場所で保存し、食べる前に冷蔵庫へ入れます。追熟しないので、切ったら早めに食べきり、カットスイカはラップに包んで冷蔵庫で保存します。冷やし過ぎると甘みが落ちるので、1玉であれば約2時間半で充分です。

国産フルーツ

＼ スイカの種類 ／

果皮が厚くずっしりとしている

縞が同じ間隔でコントラストがはっきりしている

可食部が多いのが特徴

小さいので冷蔵庫に入りやすい！！

大玉スイカ

食味をあげるシャリシャリとした食感が特徴。スイカにはさまざまな品種がありますが、もっともポピュラーな種類です。果皮が厚く重さは5〜7kg。

ラグビーボール型スイカ

ラグビーボールのような楕円形で重さは2〜4kg。保存スペースが小さくて済む。果皮が薄いので小玉同様に可食部が多いです。

小玉スイカ

外見は大玉と変わらないが、重さは1.5〜3kg。果皮が薄いので可食部が多く、果皮が黒緑色や果肉の黄色い品種も増えてきています。

スイカのカット方法

中心に近いほど甘く、皮の近くは甘さがひかえめです。中央部を始点にして切り分けると、等分に甘い部分がいきわたります。シャリシャリの食感もおいしさのひとつ。大きめにカットして食べるようにしましょう。

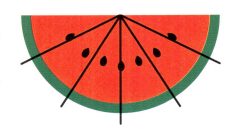

 まめ知識　土壌病害を避けるために、同じウリ科のユウガオ、カボチャなどを台木とした接木でほとんどが栽培されています。

Fruits Collection

17

バラ科ナシ属　　Japanese pear / pear

日本ナシ／西洋ナシ

| 原産地 | 日本ナシ：日本
西洋ナシ：ヨーロッパ | 主な産地 | 日本ナシ：千葉・茨城・鳥取
西洋ナシ：山形・長野・新潟 |

個性を味わう秋の味覚

出回る時期
日本ナシ：7月〜9月
西洋ナシ：9月〜12月

　日本ナシは江戸時代後期から全国的に普及し、今日でも日本各地で栽培されています。果皮の色で「赤ナシ」「青ナシ」に大別されます。一方、西洋ナシは、明治初期に導入されましたが普及せず、昭和に入ってから本格的な育成が始まり、現在は流通される約60％が山形県産です。特徴としては、日本ナシは、シャリシャリとした食感で果皮に小さなツブツブがあります。西洋ナシはなめらかな口当たりで果皮はツルツルです。

日本ナシ
重量感がある
果皮に張りがある
西洋ナシ

見分け方
- 果皮に張りがあるもの。
- 重量感があるもの。
- 青ナシは果皮が少し黄色くなったもの。
- 赤ナシは尻部分にうっすら緑色が残るもの。

栄養のこと
日本ナシ、西洋ナシともに、便秘や腸の病気予防に役立つ不溶性の食物繊維と、糖尿病などの予防に役立つ水溶性の食物繊維が含まれています。西洋ナシは日本ナシよりも不溶性の食物繊維が多く、より大腸ガンの予防効果などが期待されます。

保存のポイント
日本ナシ：ポリ袋に入れて冷蔵庫へ入れます。あまり日持ちはしないのでなるべく早めに食べます。
西洋ナシ：硬い場合は常温で追熟し、香りが強くなってきたら食べごろ。やわらかくなってきたものは、冷蔵庫で保存できます。

ナシの品種

シャリシャリの食感

日本ナシ
幸水（赤ナシ）

約40％を占める代表的な早生種。果皮は基本的に茶褐色で、やや黄緑がかったものもあります。甘味が強く、シャリシャリした食感。

甘みが強くジューシー

日本ナシ
豊水（赤ナシ）

幸水と合わせ全体の2/3を占める中生種。比較的日持ちがよく、甘味があり多汁で、やや酸味があります。

海外でも人気

日本ナシ
二十世紀（青ナシ）

特産地は鳥取県。日本での栽培は減少していますが、輸送性に優れているので輸出もされています。

西洋ナシの代表格

軸が茶色に乾いて、全体がやわらかくなったら食べごろ

西洋ナシ
ラ・フランス

西洋ナシの代表格で約70％を占めます。追熟しても果皮の色がほとんど変化しないので、少しやわらかくなったら食べごろです。

 まめ知識　「ナシ」は「無し」に通じ、忌み嫌われたため、反語の「有りの実」とも呼ばれていました。

カキノキ科カキノキ属

persimmon

カキ

原産地 日本・中国（諸説ある）　**主な産地** 和歌山・奈良・福岡

日本で誕生した「甘柿」

出回る時期
10月〜12月

「甘柿」と「渋柿」に大別されますが、幼果はどちらにも渋みがあります。成熟しても渋みが強いのが「渋柿」で、成熟するにつれ、いわゆる渋が自然に抜け甘味が強くなるのが「甘柿」です。さらに種の有無に関係なく渋みを感じない「完全甘柿」と、種が入ると渋が抜け「ゴマ」と呼ばれる黒斑点ができ甘くなる「不完全甘柿」に分類されます。甘柿は、日本で誕生した特有の果実ですが、寒冷な土地で栽培すると渋が抜けません。

色ムラがない

ヘタが緑色で形がキレイ

黒斑点が多いと甘みが強い品種も

見分け方

- 形が整っているもの。
- 色ムラがないもの。
- （甘柿）ヘタが緑色で4枚揃っているもの。
- 重量感があり、皮に張りがあるもの。
- ヘタの際まで色づいているもの。
- ブルームがついているもの。

栄養のこと

ビタミンC含有量は果物の中でもトップクラス。注目の機能性成分βクリプトキサンチンも含まれます。また体内でビタミンAに変わることから、プロビタミンAと呼ばれるβカロテンも豊富です。タンニンが二日酔い解消にも効果的です。

保存のポイント

ポリ袋に入れて冷蔵庫で保存します。日持ちはしないのでなるべく早く食べます。カキはヘタで呼吸しているため、ヘタが乾くと鮮度の劣化が早まるので、甘柿はヘタに湿らせたティッシュなどをあてておくとよいでしょう。

カキの品種

生産量トップの品種

富有
ふゆう

完全甘柿の代表品種で、生産量は市場の半数以上を占めます。形はふっくらと丸みがあり、果皮はオレンジ色。果肉はしっかりして果汁も多く、甘味が強いのが特徴で、日持ちは良いです。

ゴマ入りの不完全甘柿

西村早生
にしむらわせ

不完全甘柿特有のゴマと呼ばれる黒斑点は、渋が抜けた証。種が入ることで、渋が抜けますが、種子が少ないと渋みを感じます。「西村」は、発見された土地の持ち主の名前から。

ジューシーでまろやか

平核無
ひらたねなし

「たねなし柿」としてよく出回っている品種。「庄内柿」「おけさ柿」とも呼ばれます。渋柿ですが、アルコールや炭酸ガスを使って渋抜き後に出荷されます。多汁でまろやかな口あたりが特徴です。

check

渋の抜き方と干し柿

渋の抜き方（脱渋）には、いくつか種類があります。「一定濃度の炭酸ガス環境におく」「箱にドライアイスを入れる」「アルコール噴霧や漬ける」など、品種によって方法が変わります。脱渋後のカキはやわらかい食感になりますが、脱渋中に果肉が軟化しすぎないように注意が必要です。天日干しや機械乾燥をして作る「干し柿」も、渋抜き製法のひとつです。

渋抜きをして甘く!!

干し柿

干し柿に使われるのは渋柿で、乾燥させることで渋抜きができます。長野の「市田柿（いちだがき）」や山形の「蔵王つるし柿」などが有名です。水分を50％程残し、やわらかな食感の干し柿は「あんぽ柿」と呼ばれています。

まめ知識

「渋抜き」といっても、渋のもと「タンニン」が無くなるわけではありません。可溶性のタンニンは、そのままの状態では渋みを感じますが、渋抜きをすることで不溶性になり渋みを感じなくなるのです。渋抜きをした柿は、「渋戻り」といって、加熱をすると渋柿に戻ってしまうので、調理をするときは甘柿を使うのがオススメです。

ブドウ科ブドウ属

grape

ブドウ

| 原産地 | コーカサス地方・アメリカ | 主な産地 | 山梨・長野・山形・岡山 |

日本が生み出した種無しの技術

出回る時期
8月～10月

果皮の色で赤色、緑色、黒色系に分けられますが、品種は欧州系種と米国系種があります。現在はそれらを交配し、独自に育種・改良した品種が主流で、種無し（無核化）の技術も、昭和の半ばに日本で開発されました。ジベレリン処理と呼ばれ、成育中にジベレリンという植物ホルモン液に2回浸します。品種によって差異がありますが、開花の時期に行う1回目の処理は無核化が、その約10日後の2回目の処理は果粒の肥大促進が目的です。また、処理をしても無核化されにくい品種もあります。

果皮にハリがあり、ブルームがあるもの

軸が緑色

房が大きいもの

見分け方
- 均等に全体が色がついているもの。
- ブルームがあるもの。
- 軸が緑色のもの。
- 果皮に張りがあるもの。
- 房が大きいもの。
- 緑色系のブドウは黄色がかったもの。

栄養のこと
抗酸化作用があるポリフェノールが豊富に含まれています。皮や種に含まれるポリフェノールの一種、アントシアニンは、活性酸素を取り除き、アンチエイジングなどの効果が期待されています。（→P116、117に関連コラム）

保存のポイント
ポリ袋に入れて冷蔵庫に入れます。粒で保存したい時は軸を2～3ミリ残してカットします。洗わずに保存し、食べる直前に洗います。ブドウは風味が落ちやすいので、新鮮なうちにできるだけ早く食べきりましょう。

ブドウの品種

定番の
大粒黒皮品種

巨峰／ピオーネ
きょほう

西日本で流通量が多いのが巨峰の改良種ピオーネ。その2種で全体の約40％を占めています。作り方により、種ありと種なしがあります。
【掛け合わせ】巨峰（石原早生×センテニアル）、ピオーネ（巨峰×カノンホール・マスカット）

甘みが強く
人気の品種

シャインマスカット

酸味が少なく甘味が非常に高く、マスカット香があります。果皮が薄く無核化しているので皮ごと食べられます。艶やかな果皮も人気で、品種登録されたのは2006年ですが、現在は栽培面積が上位で各産地で栽培が増えている人気品種です。【掛け合わせ】安芸津21号×白南

香りはマスカット似

甲斐路
かいじ

果皮と果肉が離れにくく、指で果肉を押し出して食べることができません。皮が比較的薄いのでそのままでも食べられますが、中には種が入っています。
【掛け合わせ】フレームトーケー×ネオマスカット

種なしで人気
トムソンシードレス

もともと種ができないため、干しぶどうとしての利用もある品種です。オーストラリア、チリなどから輸入されています。

Other

古くから日本に自生
山ブドウ

古くから日本で自生し、大根と一緒に漬け込む、岩手県の「山ぶどう漬け」や、もち米と混ぜる秋田県の「ぶどう混ぜ寿司」など、各地の郷土料理の食材として使われてきました。

まめ知識 房単位では上から熟していくため、「肩」と呼ばれる房の上の方が甘く、また粒単位では下から熟していくので、粒の下の方が甘いです。

ウリ科キュウリ属

melon

メロン

原産地 アフリカ・中央アジア（諸説ある）　**主な産地** 茨城・北海道・熊本

品種改良で身近な存在に

出回る時期 4月～8月

　ネット（網）の有無（ネット系、非ネット系）と果肉の色（緑肉系、赤肉系、白肉系）で分けられます。ネットが入った緑肉の「アールスメロン」は、1株に1個しかならせず、高級メロンの地位を築きあげました。1960年代の非ネット系プリンスメロン誕生を機に、品種改良と栽培技術の向上により、手頃で日本人の嗜好に合った食味の良好な品種が、登場するようになりました。

ツルが枯れたころが食べごろ

ネットのハリと盛り上がりが均一

見分け方
- ネットのハリと盛り上がりが均一なもの。
- 重量感があるもの。
- 形が整っているもの。
- ツル付きはツルが枯れはじめたころが食べごろ。

栄養のこと
体内でビタミンAに変化するβカロテンは緑肉種に比べ、赤肉種には約25倍含まれています。約90％が水分のため利尿作用に富み、カリウムも豊富なため、余分な塩分を排出し、高血圧や肥満防止に有効とされています。

保存のポイント
硬いものは常温で追熟保存し食べる前に冷蔵庫で冷やします。カットしたものは種を取り出してラップをかけて冷蔵庫で保存します。小分けにカットしてから冷凍保存してもよいでしょう。ジュースやスムージーにしてもおいしいです。

メロンの品種

高級メロンの代名詞

小ぶりで食べやすい

アールスメロン

「アールス・フェボリット」系の品種を総称した名称で、「musk」（じゃ香）の香りがすることから「マスクメロン」とも呼ばれています。熟度が進むとメロン特有の芳香が立ちます。

アンデスメロン

緑肉種と、2015年に登場した赤肉種があります。アールスメロンと比べ網目が細かく、盛り上がりが低いです。果肉は締まっており、甘みが強いメロン。「安心ですメロン」という名称候補から「アンデス」となりました。

甘みと芳醇な香り
夕張メロン
ゆうばり

品種名は「夕張キングメロン」。登録商標の「夕張メロン」は、一定の規格基準をクリアしたものだけに付けられます。芳醇な香りが特徴で果肉はオレンジ色で甘味が強く、果汁も豊富です。

ジューシーでまろやか
ハニーデューメロン

輸入メロンの多くがこの品種で非ネット系です。果肉は淡緑色と淡橙色のものがあります。まろやかな甘味で多汁、しっかりした口当たりです。「ハネデューメロン」や「ハネジューメロン」などとも呼ばれています。

check

ネットは果汁が固まったもの
ネットの正体は、果実が大きくなるにつれて表皮がひび割れ、内側から果汁が染み出し、固まったものです。受粉後、約2週間で出始め、はじめに縦、次に横にひびが入り、そこからさらに2週間でネットの形成が終わります。

メロンのおいしい食べ方
一番甘い場所は種の詰まった部分ですが、ここは食べられません。ヘタ側より尻（ヘタの反対側）の部分の方が甘いので、くし型に切って、ヘタ側から食べるようにすると、最後まで甘さが口に残りおいしく食べられます。

 まめ知識 　品種改良により、熟しても外からは香りが分からない品種が増えました。お尻の部分に少し弾力を感じたら食べごろですが、何度も押すことで、そこの部分だけやわらかくなってしまいます。くれぐれもお尻を強く押さないこと！

バラ科オランダイチゴ属　　strawberry

イチゴ

原産地 南北アメリカ　　**主な産地** 栃木・福岡・熊本・長崎

ニーズに合わせて進化し続ける赤い宝石

本来の旬は初夏ですが、需要に合わせた品種改良で12月頃から出回り始め、近年の最盛期は冬から初春。時代とともにイチゴのシーズンも変化してきました。出荷量が最も多い栃木県で育成の「とちおとめ」は、他県での栽培も許可し、流通量も知名度もあがりました。一方、同じ品種でも名称や栽培方法に特色があるもの、「あまおう」のように商標登録し栽培を福岡県内に限定するなど、主産地は独自の品種開発、戦略に力を入れています。

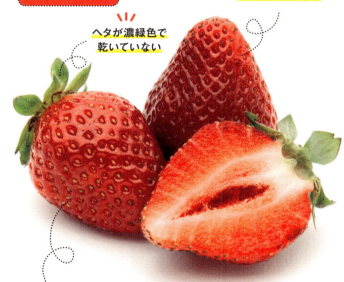

出回る時期 12月～4月

ヘタが濃緑色で乾いていない

全体にハリ・ツヤがある

ツブツブは種じゃない！

イチゴの赤い部分は果実ではなく「花托（かたく）」という、雌しべの土台となる部分です。その表面にあるツブツブは種ではなく、果実。種はそのひとつひとつの中に入っています。

見分け方
- 全体に張りやツヤがあり、傷やつぶれがないもの。
- ヘタが濃緑色で乾いていない。
- ツブツブがはっきりしている。

栄養のこと
ビタミンCが豊富に含まれています。赤い色は、抗酸化作用があるポリフェノールの一種、アントシアニンです。

保存のポイント
基本は早めに食べきります。ヘタを取らずにラップをして冷蔵庫で保存。ヘタ付きのまま食べる直前に洗います。

イチゴの品種

大粒で
まろやかな食感

栃木県
スカイベリー

大きさ、味、見た目の全てが大空に届くようにと名付けられました。大粒で果色が美しく、まろやかな食感です。栃木県が育種。2014年に品種登録。

つやつやした
美しい円錐型

栃木県
とちおとめ

大粒で酸味が少なく甘みが強い。果肉に締まりがあるわりにジューシー。全国的に最も多く作られている品種ですが、おもに東日本で消費されています。1996年品種登録。

上品な甘さで人気
きらぴ香

 静岡県

2002年に品種登録された「紅（べに）ほっぺ」の後継種として、18年の歳月をかけ静岡県から誕生した品種。大粒で果肉がしっかりし、上品な甘さがあります。2014年品種登録。

甘みと酸味が絶妙
ゆうべに

 熊本県

大粒で甘味と酸味のバランスがよく、11月ごろから出回る品種です。5000種もの苗を育て研究し、熊本県で誕生しました。2014年品種登録。

粒ぞろいがよく、運びやすい
いばらキッス

 茨城県

「とちおとめ」を親に持ち、糖度が高くほどよい酸味で濃厚な味わい。2012年品種登録。

Other
未熟ではありません
白いイチゴ

「初恋の香り」「雪うさぎ」「淡雪（あわゆき）」などの品種が誕生しています。見た目は未熟のようですが、普通のイチゴと変わりません。

check
ジャムの基準

シーズン終盤に出回る小粒サイズのイチゴは、ジャムにするのに最適です。しかし「ジャム」として販売するには、果実33％以上、可溶性固形分40％以上など、日本農林規格（JAS）が定めたいくつかの基準をクリアする必要があります。

まめ知識 ヘタがついている側よりも先端の方が甘くなります。一口では食べられない程の大粒果は、ヘタの方から食べると最後まで甘く食べられます。またヘタをとらずに洗うと、ビタミンの流出を防げます。

国産フルーツ

Fruits Collection

バラ科サクラ属

peach
モモ

原産地 中国　　**主な産地** 山梨・福島・長野

やわらか派?! それとも硬め派?!

品種系統（白鳳系、白桃系、黄桃系）と出荷時期（極早生種・早生種・中生種・晩生種）で分けられます。早生種・中生種は、口当たりがなめらかで、晩生種に近づくとしっかりした食感になります。

香りが高い！

うぶ毛が残っている

出回る時期 7月〜9月

＼ モモの品種 ／

白鳳（はくおう）
果肉は白くやわらかな口当たり。多汁で甘味も強く、種と果肉がやや離れにくいです。中生種。

あかつき
多汁で糖度が高く、食味と品質が良い品種です。

川中島白桃（かわなかじまはくとう）
果肉は白く、しっかりした食感が特徴です。やや日持ちはしますが、あまり長く置いておかないほうがよいでしょう。種のまわりが紅色になる。晩生種。

ネクタリン
果皮にうぶ毛があるモモを毛桃（けもも）と呼ぶのに対し、つるつるしているネクタリンは、油桃（ゆとう）と呼ばれています。果肉は黄色または赤色。酸味がやや強く、種は取れやすいです。主な産地は長野、福島。

見分け方
- 香りが高いもの。
- 傷やつぶれがないもの。
- 形が整っているもの。
- 果点と呼ばれる斑点が果皮にあるもの。
- うぶ毛が残っているもの。

栄養のこと
糖度の高さからエネルギー量（カロリー）も高いと思われますが、リンゴやキウイフルーツより少ないです。

保存のポイント
日持ちがしないので早めに食べましょう。食べる直前に冷蔵庫で冷やすと甘さが強く感じられます。

まめ知識　岡山県が原産地の品種「清水白桃」のように、果皮も果肉も白色の桃は、栽培の方法によって作られます。果実に袋をかけ育てることで、着色が少ない果実ができ上がり、無袋で育てるとピンクに着色した果実になります。

バラ科サクラ属　　plum

スモモ

原産地 中国・日本（日本スモモ）　ヨーロッパ（西洋スモモ）
主な産地 山梨・長野・和歌山

出回る時期 6月～8月

全体的に色づいている

生が主流の国産プルーン

　スモモは英語でプラム、フランス語でプルーンといいますが、プラムという場合は日本スモモ、プルーンという場合は西洋スモモを指すのが一般的です。長野県や北海道で栽培されているプルーンは、生食用の品種がほとんどです。モモと比べて少し酸味が強いのが特徴です。

保存のポイント
完熟したものはあまり日持ちがしないので、なるべく早く食べきります。

栄養のこと
食物繊維が多く含まれます。プルーンはβカロテンも豊富です

品種
大石早生…果皮は鮮赤色で、日本での生産量が最も多いです。
ソルダム…果皮は熟すと緑紫色から紅色に変わり、果肉は赤濃色。

太陽…果皮は鮮紅色で大果、果肉は乳白色です。熟してくると果肉に弾力が出て、甘みも増します。

見分け方
● 果皮に張りがあるもの。
● 全体が色づいているもの。
● ブルームがあるもの。

バラ科サクラ属　　apricot

アンズ

原産地 中国東部
主な産地 青森・長野・福島

出回る時期 6月～7月

皮にハリがある

希少な生果

　古くから種子（杏仁・あんにん）を取るために栽培されてきました。杏仁はせき止めの漢方薬や、中華料理の杏仁豆腐にも使われます。涼しい気候を好むので、リンゴの産地と分布が一致しています。酸味が強いため生食には向かず、加工品での利用が多いです。

保存のポイント
生食用は保存は考えず、早めに食べきります。

栄養のこと
生果も乾果もβカロテンが非常に豊富で、食物繊維も多く含まれます。豊富なβカロテンは、体内で強い抗酸化作用を発揮し、脳や心臓の血管疾患の予防効果が期待されています。また、リンゴ酸やクエン酸も多く含み、疲労回復や食欲増進にも効果があります。

品種
ハーコット…生食用の品種です。果肉が柔らかく傷みやすく輸送性が弱いため、流通は少量です。

見分け方
● 果皮に張りがあるもの。
● 全体が色づいているもの。

バラ科サクラ属　cherry

サクランボ

原産地 アジア西部　　**主な産地** 山形・北海道

赤くて甘い木の実

「サクランボ」「桜桃(おうとう)」「チェリー」などさまざまな呼ばれ方をします。欧州系の「西洋実桜(せいようみざくら)」が明治時代に渡来し、主に加工目的として栽培が始まりました。その後、生でそのまま食べる需要が増えましたが、栽培適地が限られるため、現在は、約80％が山形県で栽培（生産）されています。100年以上前に産声をあげた品種「佐藤錦」は、今日ではシェアの3分の2を占め、海外でも名声をあげる代表格に成長しました。

出回る時期 5月～7月

軸がしおれていない
軸がぬけていない

皮にハリがあり
色が鮮やか

見分け方
- 粒が大きくて果皮に張りとツヤがあるもの。
- 色が鮮やかで、果皮に傷や斑点が無いもの。
- 軸がしなびていないもの。
- 軸の付け根のくぼみが深く、軸が抜けていないもの。

栄養のこと
国産のサクランボは、アメリカンチェリーに比べβカロテンが約4倍含まれます。強い抗酸化力によりアンチエイジング効果の期待が。

保存のポイント
ポリ袋に入れて冷蔵庫で保存します。日持ちがしないので早めに食べます。水にぬれると傷むので、洗うのは食べる直前にします。

check
サクランボの種だけをきれいに取る方法
サクランボは軸を取り除き、太めのストローを1本用意します。軸が付いていた方から、ストローをねじりながら押し込みます。このとき、後ろまで突き刺さないように注意をしてください。種はストローとともに引き上げると抜けます。

\ サクランボの品種 /

日本を代表する品種
佐藤錦
（さとうにしき）

日持ちのよい「ナポレオン」と、食味がよい「黄玉」を掛け合わせ、約15年をかけて山形県の農家が育種をした品種です。果肉は乳白色で甘味と酸味のバランスがよいです。

酸が少なくて歯ごたえあり
紅秀峰
（べにしゅうほう）

酸味が少ないため甘味が強く感じられます。果肉はクリーム色で特有の歯ごたえのあるしっかりした食感。比較的日持ちがする品種です。

アメリカ生まれでジューシー
高砂
（たかさご）

明治時代初期に渡来した、アメリカ生まれの品種です。果肉は乳白色で汁が多く、適度な酸味とほどよい甘さがあり、人気の品種です。果皮の紅色が鮮やかで、6月中旬から出荷されます。

米国のサクランボの総称
アメリカンチェリー

アメリカから輸入されるサクランボの総称です。主力品種大粒の「ビング」は、果皮が濃赤紫色で、ダークチェリーとも呼ばれます。日本のサクランボと似た、赤黄色で果肉がやわらかい「レーニア」もあります。

check

加工品やお酒にも

日本では、生食のイメージが強いサクランボですが、スイーツやお酒など加工品としても使われています。それぞれの特徴をご紹介します。

マラスキーノチェリー…シロップ、アルコールなどに浸ける製法のもの。

ドレインチェリー…シロップで煮詰めた後、セミドライタイプに仕上げたもの。

クリスタルチェリー…ドライで砂糖の結晶がついているもの。

キルッシュ…つぶしたサクランボを醗酵、蒸留させて作ったお酒。

まめ知識

- 祖先はそれぞれ違いますが、「桜桃」の他にも、酸桃（スモモ）、唐桃（アンズ）、胡桃（クルミ）、扁桃（アーモンド）など「桃」が付く果実があるのは、東洋では古い歴史をもつ「桃」が、果物を総称する言葉として使われていたためと考えられています。ちなみに西洋のそれは「アップル」です。
- サクランボが成るのは「桜桃の木」で、花を鑑賞する「桜の木」とは種類が違います。花見をするサクラでは、実は大きくなりません。

国産フルーツ

Fruits Collection

バラ科サクラ属　　　Japanese apricot

ウメ

| 原産地 | 中国 | 主な産地 | 和歌山・群馬・奈良 |

梅雨時に待つ楽しさを味わう果実

「万葉集(まんようしゅう)」にもウメを詠んだ歌が多く記されていますが、当時は花の観賞用で、江戸時代に食用を目的とした品種の栽培が始まりました。需要が急速に伸びたのは、酒造法が改正され、家庭での梅酒づくりが可能になった1960年代です。大きく「梅酒用」と「梅干用」に分けられ、梅酒用には出始めの硬めの青いウメ、梅干し用には熟度が進行した黄色いウメが向いています。生梅が出回る時期は短く、「旬」を感じられる果実のひとつです。

出回る時期
5月〜6月

ふっくらと丸みがあり
傷がない

\ ウメの品種 /

南高(なんこう)

生産量日本一を誇る和歌山県の代表格で、今やウメの代名詞になった品種です。緑色の果皮は完熟すると黄赤色になります。種は小さく、果肉は柔らかく肉厚です。

見分け方
- ふっくらと丸みがあり、傷や斑点がないもの。
- 果皮に張りがあるもの。

栄養のこと
クエン酸、リンゴ酸が豊富に含まれ、疲労回復の効果が期待できます。

保存のポイント
生食には不向きで、日持ちはしないのですぐに加工します。

国産フルーツ

ブナ科クリ属

chestnut

クリ

原産地 日本
主な産地 茨城・熊本・愛媛

出回る時期 9月～10月

皮に光沢がある

甘くてホクホク秋の味覚

「日本栗」、「中国栗」、「ヨーロッパ栗」、「アメリカ栗」が世界四大栗と呼ばれています。「日本栗」の歴史は京都の丹波（たんば）地方が古く、その地域で栽培される栗を称した「丹波栗」は江戸時代には全国に広まり、今でも地域の名産になっています。

保存のポイント
乾燥しないようポリ袋に入れて冷蔵庫へ。

品種
銀寄（ぎんよせ）…丹波栗の代表品種。

利平ぐり（りへいぐり）…日本栗と中国栗を掛け合わせた品種。果皮が濃褐色。

まめ知識
天津（てんしん）甘栗で有名な中国栗は、渋皮が容易にむけることが特徴です。日本でも加熱することで簡単に渋皮がむける「ぽろたん」という品種が開発されました。

見分け方
- 皮に光沢があり、しなびていないもの。
- 重みがあるもの。
- 尻の部分が大きいもの。
- 虫食いが無いもの。

バラ科ビワ属

loquat

ビワ

原産地 中国・日本
主な産地 長崎・千葉・香川

出回る時期 4月～6月

うぶ毛におおわれている

海に面した暖かい地域で育つ

日本の在来種は小果で種が大きく、食味に欠けたため普及しませんでした。代表的な「茂木（もぎ）ビワ」は、江戸時代に中国から渡来した大果種を、長崎県の茂木町で育成したもので、今でも長崎県を中心に西日本で栽培されています。多く含まれるビタミンAは、粘膜の形成を促します。

保存のポイント
常温で保存。あまり日持ちがしないので早めに食べましょう。

品種
茂木…最も多く栽培されている品種。やや小さく長卵型。多汁で甘味が強いです。

希房（きぼう）…千葉県で育種された種なしのビワ。やわらかく多汁です。

なつたより…比較的果実が大きく、甘みが強い。新しい品種です。

食べ方
軸に向かって手で皮をむき、種とまわりの薄皮を取り除き、果肉のみを食べます。

見分け方
- 果皮に張りがある。
- ブルームがあり、うぶ毛に覆われている。

Fruits Collection

Fruits column

ほとんどが手作業で行われる
ブドウ作りの1年

　ブドウの収穫は夏から秋にかけて行われますが、ブドウ作りは、なんと冬から始まります。

冬：樹の形を整え、余分な枝を整理する「剪定作業」を行います。熟練した技術が必要で、ブドウの出来や、樹の成長に影響する重要な作業です。

春：休眠から目覚めた樹が、根から土の中の養分とともに大量の水を吸い上げて、樹液が枝の隅々まで流動する「水揚げ」が始まります。この時期は水の管理が大切です。

初夏：1年で最も忙しく、「房づくり」と呼ばれる、ブドウの形を作るための作業を行います。1本の樹に多くならせすぎると、実は小さくなり樹は弱ってしまうので、房の数を少なくする「摘房」、余分な蕾を取り除き、長い花穂を短くする「花きり（房きり）」作業をします。

　その合間に開花状態を見極め、無核化と、果粒肥大促進の目的で、ジベレリン液に花穂を一つ一つ浸す「ジベレリン処理」を2回行います。この時期の天候が、果実のできを左右します。続いて、ひと粒が大きくなるように粒の数を少なくする「摘粒」。粒が成長してきた頃、大きくなる粒同士が混みあわないように、内側の粒をハサミで抜いていく「粒ぬき」を行います。房の形が決まる大切な作業です。

　そして、雨風や病気から守るために、ひと房ずつ袋や傘がけをします。同時に、果実へ向かう養分を高めるために、伸びた新梢の先端部を摘む「新梢の摘心」をします。

夏：気温が高くなる時期には、適量の水が必要になります。また、この時期の昼夜の寒暖差が、味や色付きに影響をします。品種ごとに成長を見極めて、いよいよ収穫です。

秋：翌年の成長をよくするために肥料を与える「施肥」を行い、再び「剪定作業」へと続いていきます。

　このように、ブドウ作りはそのほとんどが手作業です。そのうえ、苗木を植えてから実がなり始めるまでに4〜5年、まとまった量を収穫できるまでに、そこからまた数年を要します。生産者の方々の苦労には頭がさがる思いですね。

ブドウができるまで
秋：施肥・剪定 → 冬春：摘房 → 花きり → 夏：摘粒 → 収穫

第2章
よく目にする輸入フルーツ

いまも昔もみんなが大好きなバナナや、近年輸入量が飛躍的に増えているキウイフルーツなど、この章では身近な輸入フルーツをとりあげます。原産地や輸入国だけでなく、需要の高まりとともに、日本国内でも生産量が増えているものが多いのでしっかりと学びましょう。

| バショウ科バショウ属 | banana |

バナナ

| 原産地 | 東南アジア | | 主な産地 | 日本：鹿児島・沖縄（7月〜10月）
輸入国：フィリピン・エクアドル・台湾 |

寒いと風邪をひくフルーツ

日本では生食用が主流ですが、アフリカや東南アジアでは料理用のバナナを主食としている地域もあります。緑色で未熟な状態で定温輸入され、専用のムロ室でエチレンガスによる加温追熟（ついじゅく）後に流通されます。追熟を行うことで果皮が黄色くなり、果肉に含まれるタンニンが脱渋され、渋みを感じなくなり、でんぷんは糖化されて甘くなります。低温が苦手で、果皮の変色や追熟が止まるなど「風邪」といわれる症状が現れるので、適温の保管庫にいれて輸送されています。

出回る時期　周年

房がそろっている

濃茶色の斑点（シュガースポット）が出たら食べごろ

見分け方
- 丸みをおびているもの。
- 房が揃っているもの。
- 「シュガースポット」と呼ばれる濃茶色の斑点が出てきたら食べごろ。

栄養のこと
エネルギーに変わる早さが異なる、ショ糖・ブドウ糖・果糖が果物の中では多く含まれるため、すぐにエネルギーになり、さらに持続性に優れ、運動時の補給に適しています。精神を安定させるとされるセロトニンを含みます。

保存のポイント
バナナ自体の重さで房がつぶされないように置きます。冷蔵庫には入れずに、過熟のものは皮をむいてラップに包み冷凍し、アイスやスイーツなどで利用できます。どうしても冷蔵庫に入れたい時は、1本ずつビニール袋に入れ野菜室へ。

バナナの品種

もっともメジャーな品種
キャベンディッシュ

日本では、大半がこの品種です。世界でのシェアも50％以上の品種です。果肉はクリーム色で、酸味はほとんど感じられず甘味が強いです。

ほのかな酸味が特徴
ラカタン

キャベンディッシュよりひと回り以上小ぶりで、果肉は橙黄色。クエン酸が含まれ、ほのかな酸味があります。主産地フィリピンではこちらが主流です。

リンゴのようなバナナ
バナップル

アップルのような味わいのバナナが名前の由来です。常温保存でも皮が乾燥し黒くなりますが、食味に影響はありません。またシュガースポットが出ないのも特徴です。皮が薄いため専用の容器に入れて出回ります。

小型で皮が薄い
島バナナ

日本で栽培されている品種です。輸入品に比べある程度熟してから収穫できるため、甘味と酸味が強くねっとりとした食感です。

ほかにも、モラード（皮が赤いバナナ）などがあります。

check

輸入量は減っているのに、金額は増加？

バナナはここ5年間、主な輸入果実の中で目立って輸入量が減少しているフルーツの一つです。しかし、金額ベースでみると増加していることがわかります。これは世界的なフルーツの価格上昇が原因と考えられています。また、輸入量が減少しているのは、気候変動の影響により一大産地であるフィリピンの生産量が減ったことに加え、中国の需要上昇により、フィリピン産のバナナの輸出先が日本から中国へと変化していることが一因といわれています。

バナナの輸入量（重量ベース、金額ベース）の推移

（財務省輸入統計2005、2010、2015より作成）

まめ知識 栽培地の「標高差」で味の違いが出ます。標高500m以上での高地「ハイランド」は、低地「ローランド」より、昼夜の寒暖差が大きく、果実もゆっくり成長するため、でんぷんがたっぷり蓄えられ甘い果実に育つのです。

パインアップル科アナナス属　　pineapple

パインアップル

原産地 ブラジル　　**主な産地** 日本：沖縄（6月～8月、11月～2月）
輸入国：フィリピン・タイ・ブラジル

爽やかな香りの松ぼっくり

出回る時期　周年

名前の由来は、形が松笠に似ているので、パイン（松）とアップル（果実の総称）からきています。果形は品種により、卵形、円筒形、円錐形がありますが、缶詰用に品種改良された円筒形が主流です。収穫後に追熟はしません。日本から近い熱帯、亜熱帯地域からの輸入品が大半です。国内では1830年代に小笠原諸島父島に渡来したのが最初で、現在は、特産県の沖縄で、独自の品種育成も行っています。

果皮にツヤがあり、溝が深い

ずっしりしていて芳香がある

葉がしなびていない

見分け方
- 果皮はツヤがあり溝が深いもの。
- 全体に赤みをおび、溝には濃い緑色が残っているものが新鮮。
- 重量感があるもの。
- 葉がしなびていないもの。
- 芳香がある。

栄養のこと
タンパク質の分解酵素ブロメラインを含みます。肉をやわらかくする効果がありますが、60度以上で働きを失います。骨や関節を強くする働きのあるミネラルのマンガンを多く含みます。糖の分解を助け、代謝を促すビタミンB_1も豊富。

保存のポイント
収穫後は追熟しないので、なるべく早めに食べきります。カットされたものは冷蔵庫の野菜室で保存します。食べきれない場合は、冷凍にしてスムージーや料理などで利用するのもおススメです。熟しているものは、6～8℃での保存が適温です。

パインアップルの種類

果汁が多く加工に適している
スムースカイエン

最も多く栽培されている品種です。酸味と甘味のバランスがよく、果汁も豊富です。生食のほか、缶詰やジュースなどの加工用に利用されます。

桃のようなパインアップル
ピーチパイン

モモのような香りからピーチパインと呼ばれています。小ぶりで、果肉は熟しても白く、柔らかく、芯の部分も気になりません。品種名は「ソフトタッチ」で、沖縄生まれです。

手でちぎってたべられる
スナックパイン

果肉がやわらかく、皮目の節部分から、スナック感覚で、手で簡単にちぎって食べることができます。酸味が少なく、甘味と香りが強いです。台湾生まれの品種ですが、石垣島や沖縄本島でも栽培されています。品種名は「ボゴール」です。

パインアップルの飾り切り
(→P86)

check

パインアップルのおいしい食べ方

図のように下の方から熟していくので、一番甘い場所は下の部分です。下の部分は生でそのまま食べ、上の部分は肉をやわらかくする働きを利用して料理に。中央部は、凍らせてスムージーに利用するなど、部位別の食べ方を楽しんでください。

まめ知識 トロピカルフルーツの代表で、料理としても多様な使われ方をします。(→P92にレシピ)

ミカン科ミカン属

grapefruit

グレープフルーツ

| 原産地 | 西インド諸島バルバドス | 主な産地 | アメリカ（周年）
南アフリカ（6月～9月） |

文旦（ぶんたん）から生まれたブドウ

出回る時期
周年

名前の由来は、枝先にいくつも群って実のつく様子がブドウの房に似ているところからきています。大正時代にアメリカから渡来しましたが、日本の気候には合わず定着しませんでした。近年、国内での栽培も少しずつ増えてきましたが、現在1年を通じて流通されるほとんどが輸入品で、特に増えるのは4月～5月です。果肉の色で白肉種（ホワイト）と赤肉種（ルビー）に大別され、産地別の特徴は、フロリダ産は果皮が薄く、南アフリカ産は果皮が厚くやや酸味が強くなります。

形が整っていてずっしりしている

表面がなめらか！

果皮にハリがある

見分け方
- 果皮に張りがあるもの。
- 形が整っていて、重量感があるもの。
- 表面が滑らかなもの。

栄養のこと

赤肉種にβカロテンが豊富に含まれます。高血圧やアレルギー治療薬など、相互作用が懸念される薬を服用している場合は、専門家と相談し対応をしてください。香りには消臭抗菌効果があり、気分を沈静化させてくれるといわれています。

保存のポイント

風通しがよい冷暗所に置いておきます。気温が高い季節はポリ袋などに入れて冷蔵庫で保存した方が良いでしょう。またカットしたものを冷蔵庫で保存するのも。果皮には防腐剤が残留していることもあるので、水洗いします。

グレープフルーツの品種

ほのかな苦みがあり、ジューシー
ホワイト

もっとも多く目にする品種は「マーシュ」です。果皮が黄色で、果肉は白みがかった薄黄色。多汁で、さわやかな甘酸っぱさと、特有のほのかな苦みがあります。ジューシーな口あたりで人気の品種です。

ピンク色の果肉が特徴
ルビー

「ピンクグレープフルーツ」とも呼ばれています。果皮は黄橙色で、一部に赤みが入り、果肉は赤みがかったピンク色をしています。「ホワイト」に比べて酸味はひかえめで、まろやかな甘味です。

独特のさわやかな香り
スウィーティー

グレープフルーツと文旦の交雑種で、果皮は緑色で果肉は薄い黄色。甘味とさわやかな香りがあります。カリフォルニア産は品種名の「オロブランコ」で流通しています。

● **飾り切りで魅力アップ！**
グレープフルーツは皮がやわらかいので、基本のオレンジのカッティング（→P82）よりも初心者向きです。

check

世界の気候変動も注視

グレープフルーツの輸入先は、2004年以前は大半がアメリカでしたが、2005年以降、南アフリカからの輸入が増えました。これは、その年にアメリカを襲ったハリケーンで、アメリカ産グレープフルーツの生産が減った事が理由と考えられています。果実生産は天候の影響を受けやすいので、世界の天気にもアンテナを張っておきましょう。

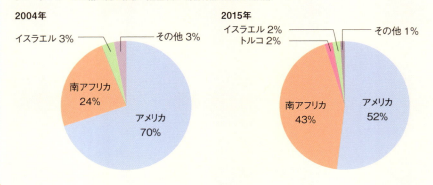

グレープフルーツの輸入先の推移 （重量単位・財務省輸入統計より作成）

2004年
- イスラエル 3%
- その他 3%
- 南アフリカ 24%
- アメリカ 70%

2015年
- イスラエル 2%
- トルコ 2%
- その他 1%
- 南アフリカ 43%
- アメリカ 52%

まめ知識 フロリダ産にみられる果皮の傷は、枝と果実がこすれてついたもの。太陽を浴びて海風を受けて育った証です。

輸入フルーツ

Fruits Collection

ミカン科ミカン属 orange

オレンジ

| 原産地 | インド東北部アッサム地方 | 主な産地 | 日本：広島・静岡・和歌山（ネーブル）
輸入国：アメリカ |

果汁たっぷりで濃厚な味わい

出回る時期 周年

「バレンシアオレンジ」、「ネーブルオレンジ」「ブラッドオレンジ」の系統に分けられます。量が最も多いのは、世界の温暖地で栽培され加工品としての需要も多い、バレンシアオレンジです。国内で流通しているオレンジの大半はアメリカからの輸入品ですが、国内ではネーブルオレンジを中心に栽培されています。時期により、輸入品と国産品、また品種系統が移り変わるので、ほぼ周年で楽しむことができるフルーツです。

果皮の色が鮮やか

ずっしりとしていて、張りとツヤがある

見分け方
- 果皮の色が鮮やかなもの。
- 果皮に張りとツヤがあるもの。
- 重量感があるもの。

栄養のこと
鉄分の吸収を促進するビタミンCが豊富です。クエン酸も多いので疲労回復効果も期待されます。βクリプトキサンチンはミカンと比べると少ないですが、ネーブルオレンジにはバレンシアオレンジの1.6倍含まれています。

保存のポイント
風通しがよい冷暗所に置いておきます。気温が高い季節はポリ袋などに入れて、冷蔵庫で保存した方が良いでしょう。箱に入ったオレンジは下のほうが傷みやすいので、定期的に上下を入れかえます。傷んだものは早めにとりのぞきます。

＼ オレンジの種類 ／

生食やジュースに

バレンシアオレンジ

果皮は橙黄色で表面が粗く、厚みがあり手ではむきにくいです。たまに種があります。香りが良く酸味も甘味も強く、果汁も豊富で生食のほかジュースにも適しています。
産地：和歌山・神奈川（5月〜6月）
出回る時期：輸入物は4月〜12月

ネーブルオレンジ

主品種は「ワシントンネーブル」。果皮果肉ともに美しい橙色で、表面はなめらかです。果肉は多汁で甘味が多く、香りも豊かです。種がほとんどないのでそのまま食べられます。オレンジの中では、日持ちは良くありません。
産地：広島・静岡・和歌山（2月〜3月）
出回る時期：輸入物は1月〜5月

種なしで食べやすい

果肉が赤色なのが特徴

ブラッドオレンジ

甘みが強く、酸味もあり、濃厚な味が特徴です。果皮と果肉は淡赤橙色で、芳香が高いです。トマトジュースのような赤い色のオレンジジュースの原料としても利用されています。
産地：愛媛（3月〜4月）
出回る時期：輸入物は1月〜4月

 まめ知識 ネーブルは英語で「へそ」。果頂部（軸と反対側）がへこんで、へそのような形をしていることから付けられました。

マタタビ科マタタビ属　　　kiwifruit

キウイフルーツ

原産地 中国

主な産地 日本：愛媛・福岡（10月〜4月）
輸入国：ニュージーランド（4月〜12月）

旬は冬のフルーツ

出回る時期　周年

中国からニュージーランドに渡り改良された果実が、日本に輸入されたのは1960年代です。その後ミカンの転換作物として、西南地域で栽培が始まりました。収穫時期が異なる南半球のニュージーランド産と国産品との棲み分けで、1年中味わうことができます。果肉の色が緑色のグリーンキウイと黄色のゴールドキウイがありますが、黄色い果肉の中心が赤みを帯びた品種なども国内で育種されています。樹上では完熟せず、収穫後追熟が必要な果実です。

果皮のうぶ毛がそろっている

キレイな俵型をしている

見分け方
- 果皮のうぶ毛がそろっているもの。
- 傷やつぶれがないもの。
- きれいな俵型で形が整っているもの。

栄養のこと
黄肉種、緑肉種ともにビタミンCが豊富で、特に黄肉種は緑色種の約2倍と、果物の中でトップクラスの含有量です。緑肉種には生肉をやわらかくする働きがある、タンパク質分解酵素の「アクチニジン」も含まれています。

保存のポイント
硬い場合は常温で追熟をさせ、食べる前に冷やします。保存する場合は硬い状態でポリ袋に入れて冷蔵庫に入れます。冷蔵庫で長期間保存が可能です。未熟なものは、リンゴと一緒にビニール袋に入れ暖かい所におくと早く追熟します。

\ キウイフルーツの品種 /

甘味と酸味のバランスが良い

うぶ毛がなくて果肉が黄茶色

グリーンキウイ

果皮が薄茶色でうぶ毛があり、果肉は緑色です。甘味と酸味のバランスがよいです。品種は「ヘイワード」がほとんどです。

ゴールドキウイ

果皮は黄茶色でうぶ毛はほとんどなく、果肉は黄金色です。酸味が少なく甘味が強いです。国内では愛媛などで栽培されています。

静岡生まれの甘いキウイ

Other

レインボーレッド

大きさはやや小ぶりで、果皮にうぶ毛がなく、果肉の黄緑色と中央部の赤のコントラストがきれいです。酸味が少なく、甘味が強いです。静岡県の農家によって育種されました。

サルナシ

「ベビーキウイ」や「ミニキウイ」とも呼ばれています。大きさは2～3cmで、緑色の果皮にうぶ毛はなく、やや苦みがありますが薄いのでそのまま食べられます。香川県育成の「香粋（こうすい）」はこの仲間です。また近縁の中国の「シナサルナシ」は、キウイフルーツの祖先です。

まめ知識 雄株と雌株があり、果実が成るのは雌株だけです。グリーンキウイの主力品種「ヘイワード」は雌株の品種名で、受粉用の雄株品種「マツア」や「トムリ」を使い交配させるという具合です。近年は雄株を植えず、購入した花粉で受粉させる効率的な栽培もされています。

クスノキ科ワニナシ属　　　avocado

アボカド

原産地 中南米　　　**主な産地** メキシコ・アメリカ

濃厚でクリーミーな味わい

出回る時期 周年

原産地は中南米で、新大陸の発見とともにヨーロッパを経由して世界中に広まりました。日本でも和歌山県など暖地でごくわずか栽培していますが、ほとんどがメキシコからの輸入品です。樹上では完熟できないため、成熟期に入ったものを収穫し追熟させます。「森のバター」と呼ばれ、脂肪が多いのも特徴です。一般家庭で料理するようになったのは近年のことですが、濃厚な味わいでファンも多い果実です。

- ヘタと果皮の間にスキマがない
- 形が整っている

＼ アボカドの品種 ／

熟すと黒っぽくなる
ハス
輸入品の大半がこの品種です。表皮はゴツゴツして熟すと果皮が黒濃緑色に変わります。

ツルツルの表皮
ベーコン
完熟しても果皮の緑色は変わらず、表皮はツルツルしています。皮が薄いのも特徴です。

見分け方
- 果皮に張りとツヤがあるもの。
- ヘタと果皮の間に隙間がないもの。
- 形が整っているもの。

栄養のこと
果物の中では、脂肪と食物繊維が多い。ギネスブックにも書かれているほど、栄養価の高い果物です。脂肪分は高いですが、オレイン酸など不飽和脂肪酸が主体です。

保存のポイント
未熟果は涼しい場所で追熟させます。低温に弱いので5度以下での保存は避けます。未熟の場合は、リンゴと一緒にビニール袋に入れておくと、早く成熟が進みます。

輸入フルーツ

ミカン科ミカン属

lemon

レモン

原産地 東インドのヒマラヤ山麓
主な産地 日本：広島・愛媛・和歌山
輸入国：アメリカ

緑はフレッシュの目印

明治時代に伝わり、瀬戸内海を中心に栽培していましたが、輸入自由化の打撃をうけ、大半が輸入品に替わりました。しかし近年、国産品の需要が高まり、広島県が主産地に。国内での栽培も増えています。一般的な「黄色いレモン」と、「グリーンレモン」と呼ばれる緑色のレモンがありますが、同じ木で育つ同一品種です。収穫後の追熟で緑から黄色にするものと、樹上で黄色になってから収穫するものがあります。

重量感がある
皮の外からも香りがする

出回る時期
アメリカ：周年
国産：10月〜11月（グリーン）12月〜5月（イエロー）

Fruits Collection

レモンの品種

寒さや風に強い
リスボン
原産地はポルトガル。耐寒性が強く国内でも多く栽培されている品種です。「サンキストレモン」の多くはこれです。

種が少なめでジューシー
ユーレカ(ユーリカ)
外観、味とも「リスボン」とよく似ていて、香りがよく酸味もしっかりとしています。とてもジューシーな品種です。

Other
ライム
同じミカン属の仲間です。輸入される大半が、サイズが小さいメキシコ産「メキシカンライム」です。

見分け方
- 果皮に張りがあり、香りが高いもの。
- 重量感があり、形が整っているもの。

栄養のこと
豊富なビタミンCは、果肉（果汁）よりも果皮に多く含まれるので、皮も利用するとより摂取できます。爽やかな酸味の主体のクエン酸は、疲労回復を早めてくれます。

保存のポイント
涼しい場所か、ポリ袋に入れて冷蔵庫で保存。カットしたレモンは、切り口をラップに包んで冷蔵庫に入れ、早めに使い切ります。しぼった果汁を製氷皿で冷凍しても。

Fruits column

五感を使って楽しみたい
フルーツの「おいしさ」

　果物の中には、おいしく食べるためにしばらく置いておくものと、すぐに食べた方がおいしいものがあります。

　前者の代表的なものは、西洋ナシ、アボカド、キウイフルーツ。これらの果実は、樹の上ではいつまでも硬く、うまく成熟できません。その理由は、西洋ナシ、アボカドは、成熟を阻害する物質が、樹木から果実に流れ込むためではないかと考えられています。またキウイフルーツは、遺伝的に樹上での成熟能力が消失しているためです。こうした果実は、未熟果の段階で収穫をして、その後一定の温度に一定期間おくことで成熟しはじめます。このように収穫後に成熟することを「追熟」といいます。

　キウイフルーツのように、果皮の色が変化せず、外見では分からない果実もありますが、人為的な追熟処理をすることで、果皮の色が変わり、果実がやわらかくなり、含まれているでんぷんが糖化され甘くなるなど、食味が向上していくのです。

　一方、樹の上で完熟できる果実でも、メロン、モモ、マンゴーなどは、一定の成長段階で収穫し、いわゆる「追熟」をさせることで、果肉をやわらかくし、食味が増してから食べることが好まれるフルーツです。

　反対に、日本ナシやスイカのように、新鮮な状態のシャリシャリの食感を楽しみたいフルーツもあります。やわらかさだけでなく、シャリシャリの「食感」もおいしさを生み出す要因のひとつといえるのです。

　ジューシーでかつ甘みだけではなく適度な酸味が入ることで、奥深い味わいとなるミカンなどの柑橘類やブドウも、できれば早めに食べたい果物の仲間です。

　それぞれの果実や品種の特性を知ることで、好みの「食べごろ」「食べ方」を見つけ、「甘み」だけではなく、舌ざわりや香り、渋み、かぶりついた際の音まで、五感を使って味わってください。

夏のフルーツの王様、スイカは、冷えた状態で食べて冷涼感も味わってみては

第3章

柑橘類

日本の柑橘類には、偶然生まれた品種が多い一方で、近年はタンゴール類を中心に交配によっておいしい品種が続々と育成されています。また、日本固有の香酸柑橘も脈々と地域に根付いています。ミカンやオレンジだけではない、奥深い柑橘の世界を紹介します。

ミカン科ミカン属　　　　　　tangors

タンゴール類

タンゴールはミカン類とオレンジの交雑種の総称で、タンジェリン（tangerine）とオレンジ（orange）を合わせた造語です。ミカン類のように手で果皮がむけ、オレンジの芳香と味を併せもつ品種を目指して、国内で育種されたものが多くあります。

いいとこ取りの柑橘

見分け方
- 浮皮（果皮と果肉の間にすきま）がなく、重量感があるもの。

栄養のこと
品種により差異がありますが、総じてビタミンCやβクリプトキサンチンが多く含まれています。

保存のポイント
風通しの良い冷暗所で保存します。

果皮と果肉の間にすきまがない

ずっしりしている

初の国内育成タンゴール
清見（きよみ）

温州ミカンの「宮川早生（みやがわわせ）」に、ネーブルオレンジ系の「トロビタオレンジ」を交配して育成されました。国内で初めて育成されたタンゴールで、研究をはじめてから品種登録までに約30年を要しました。育種親としても多用されています。
【掛け合わせ】宮川早生×トロビタ
産地：愛媛・和歌山・広島
原産地：静岡
出回る時期：2月～4月

頭の凸が特徴的
不知火（しらぬひ）（デコポン）

品名は「不知火」。全国統一出荷基準（糖度13度以上、クエン酸1%以下）をクリアしたものが、登録商標「デコポン」を使用できます。見た目が似ている「肥の豊（ひのゆたか）」は、不知火の後継種として熊本県が育成した品種です。
【掛け合わせ】清見×ポンカン
産地：熊本・愛媛・和歌山
原産地：長崎
出回る時期：2月～3月

プチプチの食感

はるみ

プチプチとした食感が特徴的。βクリプトキサンチンが豊富に含まれます。
【掛け合わせ】清見×ポンカン
産地：広島・愛媛・静岡
原産地：静岡
出回る時期：2月～3月

人気急上昇中です！

せとか

2005年～2015年の間で、出荷量が約25倍増と急速に増えている品種です。果皮はとても薄く、糖酸度のバランスがよく芳香が高いです。約70%が愛媛県産。
【掛け合わせ】（清見×アンコール）×マーコット
産地：愛媛・佐賀・広島　原産地：長崎
出回る時期：2月～3月

ゼリーのようなプルプル食感

紅まどんな
（べに）

品種名は「愛媛果試28号」。愛媛県オリジナル品種です。果皮は濃紅色で、多汁でゼリーのような食感です。皮はややむきにくいが、酸味が低く甘味が強いです。
【掛け合わせ】南香×天草
産地：愛媛　原産地：愛媛
出回る時期：11月下旬～1月

甘くて平らな形が特徴

甘平
（かんぺい）

愛媛県のオリジナル品種で、2007年品種登録。甘く、平らな形からこの名が付けられました。果皮が薄く、強い甘味とやさしい酸味があり、シャキッとした特有の食感です。
【掛け合わせ】西之香×ポンカン
産地：愛媛　原産地：愛媛
出回る時期：1月下旬から3月

甘みと酸味のバランスがよい
麗紅
（れいこう）

果皮は赤橙色で果肉は濃橙色、甘味が強く適度な酸味もあり、しっかりとした味わい。佐賀県では一定基準のものを「はまさき」として流通しています。
【掛け合わせ】（清見×アンコール）×マーコット
産地：佐賀・宮崎・広島　原産地：長崎
出回る時期：2月～3月

甘いジューシーな果実
天草
（あまくさ）

果皮は淡紅橙色で、手でむきにくいです。果肉がやわらかく多汁です。
【掛け合わせ】（清見×興津早生）×ページ
産地：愛媛・大分・長崎　原産地：長崎
出回る時期：12月～2月

ほか…「大分果研4号」「マーコット」

柑橘類の品種改良

柑橘類の品種改良は、果樹の突然変異から生まれる「枝変わり」と、人工的に新しい品種を作る方法があります。

雑かん類は、ユズや文旦の系統と考えられていますが、はっきりとはわからない理由はそこにあります。

晩秋から初夏にかけて、温州ミカン、伊予柑、そして夏ミカンの順で出回りますが、近年シェアを伸ばしているのが、伊予柑と同じ時期に多く出回るタンゴール類です。

「不知火（デコポン）」を筆頭に12月から4月ごろまで、多くの品種が入れ替わり立ち替わり、次々と旬を迎えます。これほどに種類が増えたのは、品種改良の成果といえます。特に食味が良好で、手で簡単に皮がむける柑橘類を日本で誕生させようと、何年もかけて育種をし生まれた「清見」の存在が大きく寄与しているのです。

「清見」は、宮川早生とトロビタオレンジを掛け合わせて誕生したもので、皮が薄くオレンジの芳香と甘味があり、ミカンとオレンジの良さを引き継いでいます。その「清見」を親に持つ「不知火（デコポン）」、「はるみ」をはじめ、「せとか」「甘平」など生産量が増えているタンゴール類のほとんどが、「清見」をルーツとしています（下図）。

多くの柑橘類はそのほとんどが、受精しても父親の遺伝子が入らずに種が生まれ、その種から育った果実は母親とまったく同じものができてしまう性質があります。

「清見」の母親は宮川早生なので、生まれた大半が宮川早生のクローンという中で、「清見」を育成した苦労と年月は相当なものです。

一方「清見」は、母親に用いると両親の遺伝子を受け継ぐ果実が生まれるという、特性を持った品種なのです。このような理由から、清見は日本の柑橘類育種の歴史を大きく変えた、画期的な品種といえます。

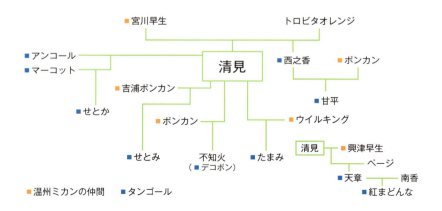

ミカン科ミカン属

pummelos
文旦類
ぶんたん

| 原産地 | マレー半島・インドシナ | 主な産地 | 高知・鹿児島・愛媛 |

貫禄の大きさ

江戸時代に渡来したとされ、「ボンタン」「ザボン」とも呼ばれます。果実の大きさは柑橘類の中で最も大きく、厚い皮が特徴的です。収穫後に貯蔵して追熟させ、酸味がまろやかになった頃に出荷されます。

軸が枯れていない

果皮にツヤがある

出回る時期
11月～3月

見分け方
● 果皮にツヤがあり、重量感のあるもの。

栄養のこと
品種により差異がありますが、ビタミンCやカリウムが多く含まれます。

保存のポイント
風通しのよい冷暗所で保存します。皮が厚いので比較的日持ちがします。

\ 文旦の品種 /

土佐文旦
高知県の主力品種です。「文旦」の中では小さい部類に入る品種ですが、果皮が比較的薄く、しっかりとした食感と爽やかな香りが特徴です。近縁種の「水晶文旦」は10月～11月に出回ります。
産地：高知
出回る時期：2月～4月

大橘
おおたちばな
鹿児島県産は「サワーポメロ」、熊本県産は「パール柑」の名前で出荷しています。原産地は鹿児島県。
産地：熊本・鹿児島・広島
出回る時期：2月～3月

晩白柚
ばんぺいゆ
重量が2kg近くなる非常に大きな文旦です。中国語で文旦は「柚(ゆず)」で、晩生の品種なことからこの名がつきました。熊本県八代市の特産品です。
産地：熊本・鹿児島・大分
出回る時期：2月～4月

安政柑
あんせいかん
広島で安政時代に誕生したといわれ、その地域では「ドンポメロ」といわれています。
産地：広島・愛媛・佐賀
出回る時期：3月～4月

 まめ知識 この他にも、果肉が赤みをおびるのが特徴の「チャンドラポメロ」「紅まどか」　などもあります。

ミカン科ミカン属　　　other citrus variety

雑かん類・その他

柑橘類の中で自然交雑により偶然に生まれたため、系統がはっきりしない種類の柑橘を総称して「雑かん類」と呼びます。文旦を祖先とするものが多いと考えられ、ナツミカンや八朔（ハッサク）などを代表とする日本独自の柑橘類です。

爽やかな酸味があとを引く

皮がなめらかできめが細かい

重量感がある

見分け方
- 重量感があるもの。
- 形が丸く整っているもの。

栄養のこと
ショ糖、果糖、ブドウ糖などの糖類が主成分。クエン酸が適度な酸味を与えてくれます。

保存のポイント
日光のあたらない風通しのよい場所で保存します。食べる直前に冷やすとおいしく食べられます。

皮は厚めだが、手でむける
伊予柑（いよかん）

誕生は山口県ですが、愛媛県で栽培が盛んになった伊予の国のミカンです。今でもその9割以上が愛媛県産です。品種は「宮内（みやうち）いよかん」がほとんどで、果皮はやや粗く厚いですが、手でむけます。果肉は淡橙色で種が入ります。樹上完熟させたものは「弥生紅（やよいべに）」と呼ばれています。

産地：愛媛・和歌山・佐賀
出回る時期：2月〜3月

酸味が強くお菓子づくりにも
ナツミカン／甘夏（あまなつ）

「ナツミカン」は温州ミカンにつぐ出荷量でしたが、同じ系統で酸味が少ない「甘夏」の誕生でシェアを奪われ、今では甘夏のことを指すことが多くなりました。酸味が強く、お菓子などの加工品として利用されることが多いです。果皮は手ではむけず、じょうのう膜（袋）は厚く種が入ります。初夏の気候に合う、爽やかな香りと甘味があります。正式名は「夏橙（なつだいだい）」です。

産地：熊本・鹿児島・愛媛
出回る時期：4月〜6月

ほんのりとした苦みが特徴

(紅ハッサク)

ハッサク

旧暦の八月朔日（ついたち）の頃に食べられることから、その名が付いたといわれています。果皮は橙黄色でやや粗く、厚いので手ではむきにくいです。文旦の系統といわれ、ほんのりした苦味と適度な酸味、甘味があります。

産地：和歌山・広島・愛媛
出回る時期：1月〜4月

和製グレープフルーツ

河内晩柑（かわちばんかん）

同じ文旦系統のグレープフルーツと見た目が似ているので、「和製グレープフルーツ」といわれます。苦味や酸味は淡く、多汁でさっぱりした甘味があります。果皮は手でむけますが、じょうのう膜（袋）は厚めです。「美生柑」、「ジューシーオレンジ」とも呼ばれます。

産地：愛媛・熊本・高知
出回る時期：4月〜6月

特有の酸味と香気

日向夏（ひゅうがなつ）

江戸時代に宮崎県で発見されました。リンゴのように黄色い外皮を薄くむき、甘味がある内側の白皮と果肉を一緒に食べるのが一般的です。ユズの系統と考えられ、似た香気があり多汁。高知県産は「小夏（土佐小夏）」、愛媛・静岡県産は「ニューサマーオレンジ」の名で出荷されています。

産地：宮崎・高知・愛媛
出回る時期：4月〜6月

皮は硬めだが、袋は薄め

タンカン

中国が原産で、「ポンカン」と「オレンジ」の交雑した系統と考えられています。果皮はむきにくいですが、じょうのう膜（袋）は薄いです。甘味が強く、適度な酸味があり、果汁の多さが特徴。風味も豊かです。かつて行商が「桶（おけ）」に入れて売っていたことから、「桶柑（たんかん）」の字が使われました。

産地：鹿児島・沖縄・宮崎
出回る時期：2月〜4月

酸味が少なめで上品な甘さ

はるか

日向夏の系統で、1996年に品種登録されました。見た目はレモン色で、酸味は少なく上品な甘さがあります。皮もじょうのう膜（袋）も厚く、カットする時には甘い白い皮を残すのがポイントです。

産地：広島・愛媛・長崎
出回る時期：2月〜3月

ピンポン球ぐらいの小果

黄金柑 (おうごんかん)

「ゴールデンオレンジ」とも呼ばれます。果皮は黄色で、手でむけます。小果ながら多汁で、甘味があり酸味はひかえめです。ひとまわり大きく改良したものが神奈川県で「湘南ゴールド」（黄金柑×今村温州）です。

産地：神奈川・愛媛・静岡
出回る時期：3月〜5月

Other

皮ごと食べられ料理にも
つやがあり粒が大きい

金柑 (きんかん)（ミカン科キンカン属）

樹上で完熟させ、皮ごとそのまま食べられるものが出回るようになり、注目が高まりました。宮崎県の「たまたま」や鹿児島県の「春姫（はるひめ）」などがあります。

産地：宮崎・鹿児島・熊本
出回る時期：1月〜3月

ジューシーで袋ごと食べられる
色鮮やかでハリがある

セミノール

なめらかで赤橙色が特徴の果皮は手ではむきにくいです。果肉は多汁で香りが高く、種が入ります。大分県産は「サンクイーン」の名で出荷されます。アメリカで育成されました。

産地：和歌山・大分・三重
出回る時期：3月〜6月

柑橘類

手でむけて食べやすい
ひめのつき

2006年に品種登録された愛媛県のオリジナル品種です。果皮は薄く手でむけますが、じょうのう膜（袋）はやや厚めです。
【掛け合わせ】アンコール×日向夏
産地：愛媛
出回る時期：2月～3月

長時間たべられる
スイートスプリング

果皮が青いものから、年明けに黄色く色づくものまで長い期間出回ります。ほのかな酸味があります。
【掛け合わせ】上田温州×八朔
産地：熊本・鹿児島・宮崎
出回る時期：11月～2月

そのほかの品種   Other

見た目はデコポン似
三宝柑（さんぼうかん）

デコポンによく似た「デコ」があり、苦みや渋みがありません。種子が多く入ります。江戸時代からある品種です。
産地：和歌山・三重
出回る時期：3月～4月

ほのかな苦みと酸味
サマーフレッシュ

初夏に食べられ、爽やかな酸味とさっぱりした甘味。ほのかな苦みがあります。
【掛け合わせ】ハッサク×ナツミカン
産地：三重
出回る時期：5月～6月

淡路島の固有種
鳴門オレンジ（なると）

兵庫県淡路島固有の品種です。ほろ苦く、爽やかな風味があります。
産地：兵庫
出回る時期：4月～6月

紀伊半島で栽培
春光柑（しゅんこうかん）

酸味はなくすっきりした甘さで、爽やかな香り。果皮の黄色がきれいです。
産地：三重
出回る時期：4月～6月

橙黄色の皮と果肉
オレンジ日向（ひゅうが）

日向夏の枝変わりで、果皮、果肉ともに「オレンジ」の名前の通り橙黄色の日向夏です。
産地：静岡
出回る時期：4月～5月

機能性成分が豊富
かんきつ中間母本農6号（ちゅうかんぼほんのう）

育種親として開発され、良好な食味に注目が集まり、加工品で流通しています。
【掛け合わせ】キングマンダリン×無核紀州
産地：熊本・山口・静岡
出回る時期：1月～2月

Fruits Collection

ミカン科ミカン属　*sour citrus*

香酸柑橘類
こうさんかんきつるい

酸味が強く、生食には向かない柑橘類の総称です。「酢ミカン」の呼び名もあります。皮や果汁の香りや風味が良いため、食欲を増したり、料理を引き立てたりする役割も担います。スダチ、カボス、ユズなどが日本の香酸柑橘として知られており、日本各地で在来品種が栽培されています。

見分け方
- 軸の切り口が枯れていないもの。
- 形が丸く整っているもの。
- 皮に厚みがあるもの。

栄養のこと
クエン酸が豊富なため、風邪の予防や疲労回復に効果が期待されます。カリウム、ビタミンCも多く含まれます。

保存のポイント
ラップに包んで冷蔵庫の野菜室で保存します。果汁をしぼって塩を加えて冷蔵で保存したり、皮の部分を薄くむき冷凍したりと、長期の保存も可能です。

料理の名脇役

香りがさわやか

熟すと黄色くなります

（スダチ）

香りが良いのは緑色のもの
カボス
大分県の特産品。香酸柑橘の中では、まろやかな酸味で、幅広い料理に使われます。
産地：大分・愛媛・宮崎
出回る時期：8月〜10月

焼き魚との相性抜群
スダチ
徳島県の特産品。直径3cmぐらいの小果です。果皮が濃い緑色のものが良品です。
産地：徳島・佐賀・高知
出回る時期：7月〜10月

沖縄特産果汁がジュースや加工品に
シイクワシャー（シークヮーサー）

沖縄県の特産品。香りを楽しむなら緑色で、果汁が多くなるのは果皮が黄色に熟してからです。
産地：沖縄・鹿児島
原産地：琉球諸島
出回る時期：8月～2月

料理の風味づけに活躍

（ユズ）

強い酸味で「ポン酢」の原料にも
ダイダイ

次代の果実が成っても落ちずに枝についているため「代々」の名が付き、縁起がよいと正月飾りに使われています。乾燥させた果皮の粉末は七味唐辛子の原料にもなります。
産地：静岡・和歌山・福岡
原産地：インド・ヒマラヤ地方
出回る時期：2月～3月

ユズ

未熟な青ユズの皮はすりおろして、成熟した黄ユズの皮は薄く切り香味として、また中をくり抜いて容器替わりに利用できます。
産地：高知・徳島・愛媛
出回る時期：10月～3月

在来品種として各地で栽培されているもの

香酸柑橘は主に西日本の各地で地域の在来品種としてつくられています。

- Ⓐ 「柚香（ゆこう）」徳島県
- Ⓑ 「スダイダイ」「長門（ながと）ユズキチ」山口県
- Ⓒ 「辺塚（へつか）ダイダイ」鹿児島県
- Ⓓ 「新姫（にいひめ）」三重県
- Ⓔ 「ゆうこう」長崎県
- Ⓕ 「じゃぼん」広島県
- Ⓖ 「木酢（きず）」福岡県
- Ⓗ 「平兵衛酢（へいべいず・へべす）」宮崎県

黄色に色づく前の青ユズ

柑橘類の栽培方法あれこれ

温暖な気候を好むミカン科の仲間は、主に関東以南の日照量の多い地域で栽培されます。温州ミカンと、タンゴール類の産地は重なりますが、細かな適地は異なります。糖度を上げるために水分を避けたい温州ミカンは、一般的に水はけがよい土地を好みます。清見などのタンゴール類は、耐寒性は比較的強いですが、果皮が低温にあうと寒害をうけるため、冬期温暖な地域が望ましいです。

しかし、天候ばかりはヒトの力では左右できないので、その対策として温州ミカンの産地には、マルチという雨よけのシートを敷く「マルチ栽培」を行っている地域が多く見られます。果実が肥大する時期にまとまって雨が降ると、糖度の低い水っぽいミカンとなってしまいます。

逆に、もともとの糖度がミカンより高い傾向にあるタンゴール類は、適度に雨量がある方が大きな果実に成長し、酸が少なく結果甘さが引き立つ果実となります。とはいえ、その雨も雪となると話は別です。寒波からの被害を避けるために、早めに収穫し、酸を落ち着かせてから出荷する場合もあります。柑橘類の糖と酸の含有量は、収穫時をピークにその後ゆっくりと減少していくのですが、その際、糖に比べ酸の方が少ないため、時間をおくことで甘さが引きたつ特性を利用した工夫です。

また天候は、食味以外に見た目にも影響を及ぼします。不知火(デコポン)の特徴である、「デコ」は、花が咲くころの気温が高いとデコになり、また露地栽培よりハウス栽培の方が出やすくなります。デコがある方がおいしく見えますが、あってもなくても味は変わりません。

ところで、温州ミカンをよくもむと甘くなる、といわれますが、こうした食べ方をする人はどれくらいいるのでしょうか。ストレスを与えることで、酸の分解を速める方法として知られていますが、実は、数値でわかるほど違いはありません。おいしく口にするまでには、人がコントロールできることと、できないことがあるのです。

生産者は、さまざまな工夫でおいしい柑橘類を作っています

第4章

落葉果樹

落葉果樹とは、夏から秋にかけて果実を実らせ、秋から冬に葉が落ちる果樹のことです。アケビやマルメロ、サンショウなど、古くから日本の各地域で食べられてきたフルーツから、ブルーベリーをはじめ、近年、注目されているベリー類まで多彩なラインナップが特徴です。

クワ科イチジク属

fig
イチジク

| 原産地 | アラビア南部 | 主な産地 | 愛知・和歌山・大阪 |

花を食べるフルーツ

花が咲かずに実が成ると思われていたので、漢字では「無花果」と書きます。外からは見えませんが、中の赤い小さな粒が、「花」になります。

江戸時代に渡来した品種「蓬莱柿（ほうらいし）」は、明治時代にアメリカから導入された「西洋イチジク」と区別するため、「在来種」や「日本イチジク」ともいわれています。

ふっくらしていて大きい

出回る時期
8月～10月

お尻が開いているのが完熟

イチジクの品種

桝井（ますい）ドーフィン

明治時代に導入された西洋イチジクで現在の主流品種です。上品な甘さで果皮は熟すと赤紫色になります。

蓬莱柿（ほうらいし）

主に西日本で栽培されています。中の赤い部分が多く、甘味が強く関東では希少な品種です。

見分け方

- 果実全体がふっくらして大きいもの。
- 皮に張りがあり、傷やつぶれがないもの。
- お尻の部分が開いているものは完熟、ただし割れているものは熟しすぎの場合もあるので注意。

栄養のこと

皮を切るとみられる白い乳液状のものは、タンパク質分解酵素のフィシンです。高血圧の原因となるナトリウムを排出して、血圧を正常に保つカリウムが豊富。果物の中では、食物繊維量が多く、特にペクチンに富んでいるため、大腸の働きを助けます。

保存のポイント

日持ちがしないので、基本は早めに食べきります。残ってしまった場合は、ひとつずつラップなどで包み冷蔵庫で保存します。食べきれない場合は、冷凍保存してシャーベットなどにすることもできます。ドライイチジクなど乾燥タイプのものも出回っています。

落葉果樹

ザクロ科ザクロ属　pomegranate

ザクロ

- 原産地：イラン
- 主な産地：アメリカ

出回る時期
9月～12月

皮がキレイな赤色がよい

ツブツブの存在感が大きい

果実の中には紅色で透明の粒がぎっしり詰まっています。そのひと粒ひと粒に小さな種が入っているので、子孫繁栄の果物と海外ではいわれています。爽やかな甘味と酸味で独特の食感があります。大半が輸入品で、出回る時期は限られています。いきいきとした赤い色をいかした、前菜やデザートにも使われます。

保存のポイント
皮をむかずにポリ袋に入れて冷蔵庫で保存。食べきれない場合は果粒を取り出して密閉容器に入れ冷凍もできます。

栄養のこと
ミネラルを含むとともに、クエン酸などの有機酸をもっているので、カルシウムの吸収を助け、骨を丈夫にする働きがあります。また、酸が多いため、疲労回復に役立ちます。

まめ知識
そのまま食べると種がやや気になります。加工品も多く出回っています。最近は、水や熱を加えずにゆっくりしぼり、果汁を抽出する方式で作られる「コールドプレスジュース」の食材としても注目を集めています。

見分け方
- 果皮が赤く色付いているもの。
- 重量感があるもの。

皮に厚みがあり
ふっくらしている

アケビ科アケビ属　chocolate vine

アケビ

- 原産地：日本・朝鮮半島・中国
- 主な産地：山形・愛媛・秋田

出回る時期
9月～10月

果肉が白から半透明になったら食べごろ

熟すと果皮が割れるのが特徴です。甘く半透明のゼリー状の果肉を種ごとそのまま口に含み、口に残った種を出すのが一般的な食べ方です。近縁種で同じアケビ科の「ムベ」は、本州の関東以西に自生し、熟しても果皮は割れず、葉も落ちない常緑果樹です。

保存のポイント
日持ちがしないので早めに食べきります。果皮は捨てずに料理に活用できます。

栄養のこと
乾燥させた果実は、腎炎や脳卒中の予防に役立つとされています。

アケビの種類
アケビの葉は5枚ですが、3枚のギザギザした葉が特徴的な「ミツバアケビ」は、サイズも大きく、甘味も強い改良種です。「アケビ」と「ミツバアケビ」の交雑種といわれる「ゴヨウアケビ」もあります。

見分け方
- 果皮に張りがあるもの。
- 重量感があるもの。

Fruits Collection

バラ科ボケ属／マルメロ属　Chinese quince / quince

カリン／マルメロ

原産地　カリン：中国
マルメロ：イラン・パキスタン

主な産地　カリン：東京・長野・香川
マルメロ：長野・青森・秋田

出回る時期
10月〜11月

似て非なる果実

カリンとマルメロは、香りや用途が似ているため混同されやすいのですが、カリンは平安時代に中国から渡来し庭木として植えられ、マルメロは明治時代に導入された欧米種が栽培の始まりといわれています。歴史はカリンの方が古いですが、現在はマルメロの方が多く出回っています。果肉は硬く渋みがあるので、生食には不向きで、果実酒やジャムなど加工品として利用されます。

カリン
皮はうぶ毛がなく、細長い楕円形

マルメロ
うぶ毛があり、球体で、少しでこぼこしている

見分け方
- 果皮にツヤがあり、重量感があるもの。
- 芳香高いもの。
- 追熟すると、カリンは果皮が黄色くなり、マルメロはうぶ毛が少なくなる。

栄養のこと

のど飴で知られるカリンは、芳香の元となる香油成分にのどの炎症を抑える効果が期待されています。カリンもマルメロも大腸の働きを助ける不溶性食物繊維の含有量が、果物の中でトップクラスです。

保存のポイント

カットする場合は、果肉が硬いので注意が必要です。砂糖、レモン汁と一緒に煮込むと、ルビー色のジャムができ上がります。渋みが強いカリンは、煮込む時間を長くするなど渋抜きの工夫が必要です。

まめ知識　マルメロは、明治時代に長野県の諏訪（すわ）地方で栽培が始まり、当時はカリンと誤認して栽培していたといわれています。諏訪市の市木にはカリンの木が選定され、その地域では、今でもマルメロをカリンと呼ぶそうです。

クロウメモドキ科ナツメ属　*jujube*

ナツメ

原産地	ヨーロッパ東南部・アジア
主な産地	福井・岐阜

ドライフルーツで
よく目にするのが
シワの少ないものが良い

出回る時期
9月〜10月

落葉果樹

薬膳料理に欠かせない

　中国では、桃、栗、杏（あんず）、李（すもも）に棗（なつめ）を加えて「五果（ごか）」と呼び、貴重な果実として扱われてきました。乾果は、生のまま乾燥させた紅ナツメと、蒸したあとに乾燥させた黒ナツメがあり、中国や韓国では幅広い用途に使われます。生果は青リンゴのような味です。

保存のポイント
生果は、ポリ袋に入れて冷蔵庫で保存します。

栄養のこと
乾果は、食物繊維やカリウムが豊富です。

まめ知識
国内での生産量は少ないですが、一部の地域で栽培され、果実の甘露煮は岐阜県飛騨地方に伝わる郷土料理です。生産量が最も多い福井県には、棗地区と呼ばれる地域があり、乾果やエキスなどの加工品も作られています。見た目や食べ方が似ている「デーツ」は、ヤシ科のナツメヤシの果実になります。

見分け方
- 表面にシワの少ないもの。
- 光沢があるもの。

バンレイシ科ポポー属　*papaw*

ポポー

原産地	アメリカ東部
主な産地	愛媛

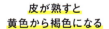

皮が熟すと
黄色から褐色になる

出回る時期
9月〜10月

希少な「幻の果実」

　果肉は熟すと黄金色になり、種がいくつも入っています。バナナの輸入が止まった第二次世界大戦中に、代用品として各地に植えたとされ広まっていきました。収穫期が限られ、果皮が薄く収穫後に黒くなるなどの理由で、輸送性が低いため特産地はありませんが、日本の気候に合う果実です。

保存のポイント
日持ちがしないので、早めに食べきります。果肉を冷凍保存して食べることもできます。

まめ知識
香りと甘味は強くねっとりした食感です。たて半分に切ってスプーンですくいとって食べます。マンゴーとバナナをミックスしたようなその食味の良さから「森のカスタード」とも呼ばれ、アイスクリームなどの加工品も作られるようになりました。

名前の由来
果実の形が動物の足、ポー（Paw）に似ていることから名付けられたといわれています。

見分け方
- ふっくらと丸みがあり大きいもの。
- 表皮に傷や傷みがないもの。

イチョウ科イチョウ属　ginkgo nut

ギンナン

原産地　中国南部
主な産地　大分・愛知

出回る時期
10月〜11月

殻の中の黄色の部分が食用

特有の香りが秋を告げる

各地で自生、植樹をされているイチョウの木には、雌株と雄株があり、実をつけるのは雌株だけです。収穫が目的の栽培は、明治時代に愛知県で始まったといわれています。育種された品種は大粒の実をつけます。特有の臭いがあり、触れると外果皮に含まれるビロボールがアレルギー性皮ふ炎をおこすことがあります。

保存のポイント
殻のまま新聞紙などでくるみ冷蔵庫で保存します。

栄養のこと
βカロテンや、カリウムが多く含まれています。

食べ方
外果皮を取り除き、硬い殻の中にある黄色の部分をギンナンとして食用します。

品種
久寿（きゅうじゅ）…円形で、苦みが少なくモッチリとした食感です。貯蔵性に欠けます。

籐九郎（とうくろう）…大粒で、殻が薄く割りやすく、食味もよく貯蔵性に優れています。

栄神（えいしん）…長円形で、外観と食味がよく、貯蔵性に優れています。

見分け方
- 殻が白くなめらかでツヤがあるもの。
- 大きくて実が詰まっているもの。

ミカン科サンショウ属　Japanese pepper

サンショウ

原産地　日本・朝鮮半島
主な産地　和歌山・高知

出回る時期
3月〜6月

実山椒はアクを抜いてから食べる

日本料理の香辛料

若葉は「木の芽」、つぼみは「花山椒」、果実は「山椒の実」、果皮は「山椒の粉」と呼ばれ食用としてあますところなく利用します。中国で栽培されている「花椒（ふぉあじゃお）」は、近縁の「カホクザンショウ」で、果皮のみを香辛料として利用します。

保存のポイント
山椒の粉以外は、日持ちがしないので早めに使います。実山椒は6月〜7月にしか出回らないので、冷凍保存するのがおすすめです。

品種
朝倉（あさくら）山椒…粒は大きく、辛みが強いです。香りが特によく、生産者の間でも高評価で、棘がないので比較的育てやすい品種です。原産地は兵庫県。

ぶどう山椒…粒が大きく、ブドウのように房なりに実り、味や香りがしっかりしています。葉や茎に鋭い棘があり、収穫時に手間がかかります。原産地は和歌山県。

見分け方
- 木の芽…薄い緑色のもの。
- 実…しなびていないもの。

ツツジ科スノキ属　　blueberry

ブルーベリー

落葉果樹

| 原産地 | アメリカ北東部 | 主な産地 | 長野・東京・茨城 |

出回る時期
6月〜8月（国産）
周年（アメリカ、オーストラリア、チリ）

誕生は20世紀

アメリカで育種研究が始まったのは20世紀初頭、日本で本格的に栽培がスタートしたのは1970年代と、まだ歴史の浅い果物です。栽培品種は大きく「ハイブッシュ系」と「ラビットアイ系」に分けられ、それぞれ多くの品種があります。成熟すると青っぽい藍色になり、表皮にブルームを被ります。食生活の洋風化でジャムなどの加工品需要が高まって以降普及し、今日では生の果実も周年で出回るようになりました。

大粒のほうが甘い

白い粉（ブルーム）がついているのが新鮮の証

check

ブルーベリーの仲間
「浅間ベリー」と呼ばれ、日本に自生する「クロマメノキ」は、同じツツジ科の近縁種になります。

見分け方
- 大粒で、果皮の色が濃く張りがあるもの。
- ブルームがついているもの。

栄養のこと
生果には、腸内環境を整える不溶性の食物繊維がフルーツの中ではトップクラスの含有量で、腸の働きを助け、便秘の解消や大腸がんの予防効果が期待されています。

保存のポイント
日持ちがしないので早めに食べます。ポリ袋に入れて冷蔵庫に入れるか、もしくは冷凍します。ドライベリーも半年くらいは保存でき、手軽に食べられるのでおすすめです。

 まめ知識　ブルーベリーの色素であるアントシアニンは「目の健康に効果がある」といわれ、注目を集めました。現在も効果を実証するための研究が続けられています。

バラ科キイチゴ属　　　raspberry

ラズベリー

原産地	アメリカ
主な産地	北海道・長野・秋田

出回る時期
6月～10月（国産）
周年（アメリカ）

色が美しく
形が整っているもの

木に成るイチゴの代表格

フランス語で「フランボワーズ」。果実の色で、レッドラズベリー、ブラックラズベリー、パープルラズベリーに大きく分けられます。流通しているものは輸入品が大半ですが、国内でも一部の地域で生産されています。収穫時に芯が枝に残るため、中が空洞です。

保存のポイント
日持ちがしないので早めに食べきります。長く保存したい場合は冷凍もできます。

栄養のこと
不溶性の食物繊維が豊富で、骨の健康を支えるマグネシウム、ベリー類の中ではビタミンC、Eの含有量も高いです。

まめ知識
木が小さく鉢植えでも簡単に育てられ手軽に摘みとれることや、初夏と秋の2回収穫が楽しめる「二季成り」品種もあり、家庭果樹としても人気です。

見分け方
● 色が鮮やかで、形が整っているもの。

スイカズラ科スイカズラ属　　　honeyberry

ハスカップ

原産地	北海道
主な産地	北海道

出回る時期
6月～7月（国産）

熟したものは
黒紫色

北の大地で育つデリケートなベリー

名称はアイヌ語の「枝の上にたくさん実のなる木」を意味する「ハシカプ」に由来します。皮は黒紫色ですが、果汁はルビー色で、皮がとても薄く、身がやわらかくつぶれやすいので、ほとんどが加工品での流通になります。

栄養のこと
ビタミンC、食物繊維、βカロテンが含まれます。

まめ知識
フレッシュな状態で食べられるのは、生産地近くで、かつ7月上旬頃のわずかな期間だけです。

別名、クロミノウグイスカグラと呼ばれ、北海道では古くから不老長寿の果実と言われてきました。また、冷涼な地域でしか栽培できず、暖地では実がつかないので育成地が限られています。

見分け方
● 黒紫色に熟しているもの。

バラ科キイチゴ属　blackberry

ブラックベリー

落葉果樹

- 原産地　アメリカ
- 主な産地　滋賀・神奈川

出回る時期
7月〜8月（国産）
周年（アメリカ、ニュージーランド）

黒い輝きが特徴的

多汁で、ほどよい甘味と酸味があります。生でそのまま食べることができますが、種の食感と渋味がやや気になります。また、傷みやすい果実なので、ピューレや果実酒などの加工品で広く利用されています。

栄養のこと
ポリフェノールの一種、アントシアニンを豊富に含み、目の健康維持などへの効果が期待されています。また、ビタミンCも豊富なため、免疫力を高め、細菌やウイルスに対する抵抗力を強化する役割も担います。

まめ知識
ブラックラズベリーと似ています

黒く熟しているが、果実の中は空洞ではなく、芯が残っています。

見分け方
- 赤みがなく、黒く熟したもの。

いろいろなベリー類

原産地は各地に分散

劣化がはやく、酸味や渋みが強いものは加工されて出回っています。野生種から育種され、系統がわからないものも多く、原産地が各地に分散しているのも特徴的です。

ユキノシタ科スグリ属　currant

カラント（フサスグリ）

- 原産地　アメリカ
- 主な産地　滋賀・神奈川

出回る時期
初夏〜夏

色鮮やかでハリがある

ブラックカラントは「カシス」

果実の色により「レッドカラント」と「ブラックカラント（仏語でカシス）」があります。酸味が強く赤い実を活かして、料理などの飾りつけに利用されます。ブラックカラントから作ったリキュールも人気。

栄養のこと
レッドカラント、ブラックカラントともビタミンCや食物繊維、カリウムを豊富に含みます。
ブラックカラントは、特にアントシアニンが多く含まれ、強力な抗酸化作用が期待されています。

まめ知識
ブラックカラントやブラックベリ

見分け方
- 果実が締まって弾力があるもの。
- 色があざやかなもの。

ー、ブルーベリーなど黒系ベリー類の味は、日本人には見分けがつきにくいですが、欧米人にはその違いがはっきりと分かるそう。

ユキノシタ科スグリ属
グーズベリー（西洋スグリ）
gooseberry

　枝にトゲがあり、混同されるカラントよりも粒が大きめです。酸味が強い未熟果は、ジャムや果実酒などの加工用に、酸味が抜けた成熟果は生でそのまま食べられます。夏期に冷涼な地域を好み、北海道や山形県で少量ですが、生産されています。

バラ科アロニア属
アロニア
black chokeberry

　果実に含まれる機能性成分に注目が集まり、国内では北海道で生産されています。実は黒紫色で、渋みと酸味があり甘味が少ないことから、ジャムやジュースに加工されたものや、冷凍果実で流通しています。

バラ科キイチゴ属
ボイセンベリー
boysenberry

　果実の色は黒紅色で、生でそのまま食べることができます。日持ちがしないため、ジャム、ジュース、ゼリーなどの加工品利用がほとんどです。原産地はアメリカで、世界的にはニュージーランドで多く生産されています。

ツツジ科スノキ属
クランベリー
cranberry

　酸味が強いため、生食には向かないので、ジュースやドライフルーツで目にすることが多い果実です。主産地のアメリカでは料理に使われ、伝統的行事食の七面鳥のグリルに、クランベリーソースは欠かせない存在です。

ツツジ科スノキ属
コケモモ
cowberry lingo berry

　近縁のクランベリーが洋ナシ型なのに対し、果実は球状です。非常に酸味が強く、果実酒やジャム、コンポート、ジュースなどに加工利用されます。ヨーロッパでは、肉料理のソースとして使われています。

クワ科クワ属
クワ
mulberry

　熟した果実はそのまま食べることができます。日持ちがしないので、果実酒やジャムなどに加工されます。古くはカイコのえさとなる葉を育てるために、各地で栽培されていました。日本原産のヤマグワや、渡来したものなど多品種あります。

グミ科グミ属
グミ
silverberry

　熟すと赤紅色になる果実の見た目は、楕円形のサクランボのようで、種が入っています。夏のナツグミ、秋に収穫のアキグミ、渋みが少なく生食に向くダイオウグミなど、多種あります。果実酒（グミ酒）やジャムなどに加工もできます。

グミ科ヒッポファエ属
シーベリー
seaberry

　黄色い楕円の果実が、房状にたくさん実ります。甘味は少しありますが、酸味と渋みが強いです。中国やモンゴルに自生し、国内では少量ながら、北海道で生産され、冷凍した果実、ジュース、シャーベットなどの加工品があります。

ナッツ類

栄養価の高い最古の食糧

硬い殻や皮に包まれた、食用の木の実やその種子を、一般的に「ナッツ」と呼びます。紀元前から今に至るまで食べ続けられている希少な食材です。基本的には「木の実」をさしますが、ここではマメ科の落花生も一緒に紹介します。

落葉果樹

クルミ科クルミ属

walnut
クルミ

- 原産地：イラン・日本・北アメリカ
- 主な産地：長野・青森・山形
- 出回る時期：9月〜10月

殻が割りやすく実が大きめの西洋種と、「オニグルミ」に代表される殻が厚くて硬い日本原産種があります。数は少ないですが、西洋種系の「シナノグルミ」など、日本でも一部の地域で栽培しています。

バラ科モモ属

アーモンド
Almond

ナッツとして食べる甘い「甘仁種（かんじんしゅ）」と、苦みがあるが香りがよくアーモンドエッセンスの原料などになる「苦仁種（くじんしゅ）」があります。ビタミンEが豊富に含まれていますが、エネルギー量も多いので食べすぎに注意を。

ウルシ科カイノキ属

ピスタチオ
pistachio

ナッツの色が緑のものほど良質とされています。熟すと自然に殻が割れて口を開けたような形になります。

ウルシ科カシューナットノキ属

カシューナッツ
cashew nut

種が硬くなく淡い甘味があり、他の食材との相性がよいので料理にも使われます。大産地はインド。

マツ科マツ属

松の実
pine nut

原形のままやペースト状に調理するなど、世界各地で幅広い料理に使われています。

マメ科ラッカセイ属

peanut
落花生

- 原産地：南米
- 主な産地：千葉
- 出回る時期：9月

落ちた花の基部が伸びて地中に実が誕生することから「落花生」と呼ばれています。花が地上に咲き、実が地下にできる珍しいマメ科の植物です。目にすることが多い、加工後の「ピーナッツ」は、豆（英語でpea）なのに硬い殻があることが名前の由来です。

見分け方
- 殻が硬く虫食いがないもの。粒や形が整ったもの。

保存のポイント
殻をはずし密閉容器に入れて、冷暗所に置く。

Fruits Collection

Fruits column

地域特有の食文化を育む 日本のフルーツ

　なじみが薄いフルーツも、違う視点で見てみるといろいろな発見があります。長い歴史があるのに、今では栽培が一部の地域に限定されているものは、その地域で古くから親しまれている料理と関係が深そうです。

　例えば、アケビはそのほとんどが山形県産ですが、山形には苦味のある皮をあえて使う独特の食文化があります。例えばひき肉、キノコ、ミョウガなどをアケビの皮に詰めて焼いた郷土料理「アケビの肉詰め」。ほかにもアケビの天ぷら、アケビの煮物など、さまざまな料理にアケビの皮が使われ、「山形の人は皮しか食べない」とまでいわれるほどです。

　また、岐阜県の飛騨地方に伝わる郷土料理「ナツメの甘露煮」は、皮がやや硬く種が大きいナツメを、砂糖と醤油で煮込んだ保存食です。ナツメは、岐阜県や隣接の福井県で栽培されています。

　さらに、東北地方や長野県など主に東日本の広い地域に残っているのが、クルミを使った郷土料理です。すりつぶしたクルミを山菜や野菜と混ぜて和え物にしたり、クルミを味噌と合わせてクルミ味噌にし、田楽につけたり、雑煮にクルミだれをつけて食べたりする風習のある地域もあります。また、クルミ豆腐やクルミご飯・そば・うどんなど、魚や肉を使わない精進料理でもよく使われます。その幅の広い使われ方から、古くからクルミが貴重な食糧とされていたことが推察されます。

　国内での生産はほんのわずかで、そのほとんどが輸入品に代わっているザクロもまた、郷土料理の形で地域に根付いています。

　「長崎くんち」は、旧暦の重陽の節句（9月9日）にあたる10月7日から9日に開催される、長崎県最大の祭りです。この時期に食べる「くんち料理」として地域で親しまれているのが、ダイコンのなますにザクロの赤い果粒を混ぜた「ザクロなます」です。果実の酸味が活かされ、見た目も紅白でおめでたい料理です。

　このように、フルーツは食を大切にする知恵や、地域固有の食文化を育む役割も担っているのです。

第5章

常緑果樹

常緑果樹とは、年間を通じて葉を茂らせている果樹のことです。マンゴーやパパイヤ、パッションフルーツなど、南国のイメージが強い果実が多いですが、沖縄や九州地方などで栽培されているのもあります。未知のフルーツとの出合いもあるかもしれません。

ウルシ科マンゴー属　　mango

マンゴー

| 原産地 | インド・マレー半島（諸説ある） | 主な産地 | 沖縄・宮崎・鹿児島（4月〜8月）
メキシコ・台湾・タイ・ブラジル |

熱帯果実の女王

インドでの栽培歴は4000年以上になるといわれ、品種は非常に多くあります。ふっくらと丸みをおび大きな果実で、果皮が真っ赤に色付く「アップルマンゴー」は、完熟すると自然落果する性質があります。そのため成熟期前に収穫し、追熟させたものが大半ですが、栽培技術の改良により完熟状態で出回る国産品もあります。

光沢があり、甘い香りがする

（キーツ種）

出回る時期
4月〜8月（国産）
周年（輸入）

マンゴーの種類

アップルマンゴー
形がリンゴに似ていることから、この名で呼ばれるようになりました。香りが豊かで、品種は「ヘイデン」「ケント」「アーウィン」。宮崎県や沖縄県などでも多く栽培されています。

フィリピンマンゴー
熟すと黄色になり、形がペリカンのくちばしに似ているので「ペリカンマンゴー」とも呼ばれます。品種は「カラバオ」。似た形で淡黄色の「ナンドクマイ」もあります。

キーツマンゴー
熟しても果皮は緑色のままで、収穫後に追熟をしないと食べられない品種です。香りが強くなれば食べ頃です。「キングマンゴー」とも呼ばれ、収穫量の少ない貴重なマンゴーです。

見分け方
- 果皮に張りがあるもの。
- つぶれがないもの。

栄養のこと
貧血予防に効果が期待できる葉酸のほか、体内でビタミンAにかわるβカロテン、ビタミンEも豊富に含まれています。

保存のポイント
室内の涼しい場所で追熟させます。品種により差異がありますが、甘い香りが強くなり、やわらかさを感じたころが食べ頃です。

まめ知識　マンゴーはチェリモヤ、マンゴスチンとともに「世界三大美果」と呼ばれています。

モクセイ科オリーブ属　olive

オリーブ

原産地 地中海地方（諸説ある）　　**主な産地** 香川・大分・熊本

旧約聖書にも登場する ギリシャの国樹

出回る時期
9月～11月
（収穫時期）

熟すと緑色から紫色に

古代オリンピックでは、勝者にオリーブ冠が与えられたほど、歴史が古い果樹です。果皮は淡黄緑色から紅紫色を経て黒紫色に変化、用途により収穫時期が違います。成熟果をしぼり油を搾取したものがオリーブオイルで、ピクルスなどの用途には渋抜きをした果実を利用しています。

栄養のこと

グリーンオリーブには、食物繊維やβカロテンが多く含まれます。塩分量も多いので食べ過ぎには注意。オイルに含まれるオレイン酸は、悪玉コレステロールを減らす効果が期待されます。

加工の種類

9月～11月に収穫されます。渋味があり生食には向かないため、加工利用されます。塩漬け加工されたオリーブは品揃え豊かで、「グリーンオリーブ」は未熟果を、「ブラックオリーブ」は成熟果を使っています。加工時に種を抜き取り、赤ピーマンやアンチョビなどを詰めた「スタッフドオリーブ」や、きざんでアンチョビなどと混ぜる「タップナード」といった料理にも使われます。

check

小豆島の循環型農業

オリーブは江戸時代に渡来しましたが、日本の気候に合わず定着しませんでした。その後明治時代に入り、香川県の小豆島で初めて栽培に成功。香川県の「県の木」に認定され、今では小豆島の特産品となっています。オリーブは搾汁してオリーブ油として使えるのは約75％。一般的に残った部分は廃棄されますが、香川県では牛の飼料としています。オレイン酸を含んだオリーブ飼料で育った牛が、口溶けがよいと評判の香川県オリジナルの「オリーブ牛」。オリーブ牛のふんは、堆肥としてオリーブ栽培に役立っています。

常緑果樹

Fruits Collection

パパイア科パパイア属　papaya

パパイア

原産地　中南米
主な産地　沖縄・宮崎・鹿児島・フィリピン・アメリカ（ハワイ）

皮が黄色で甘い香り

別名は「木瓜」

未熟果の「青パパイア」には、タンパク質分解酵素の「パパイン」が多く含まれます。熱帯諸国や沖縄県では野菜のように調理をして、サラダや炒め物などで食べる習慣があります。国内でも品種育成が進み、「石垣珊瑚」などの品種があります。7月〜10月に出回ります。

保存のポイント
硬い場合は常温で追熟し、香りが強くなりやわらかくなったら食べごろです。

栄養のこと
完熟果には、βクリプトキサンチンが、青パパイアの約6倍含まれています。

品種
ソロ…熟すと果皮と果肉が黄色く変わり、やわらかい口あたりになり甘味が強くなります。

出回る時期
7月〜10月（国産）
周年（輸入）

見分け方
● 果皮にツヤと張りがあるもの。
● 重量感があるもの。

トケイソウ科トケイソウ属　passion fruit

パッションフルーツ

原産地　ブラジル
主な産地　鹿児島・沖縄・東京・ニュージーランド・アメリカ（ハワイ）

皮にツヤがある

別名「果物時計草」

南国のイメージが強い果実です。鹿児島県や沖縄県など国内でも栽培され、6月〜8月に出回ります。時計や十字架に見える花の形から「時計草」や「パッション」（キリストの受難）と呼ばれています。完熟すると果皮の色が変わり、自然落果します。

保存のポイント
常温で追熟させると酸味がやわらぎます。表面にしわが出始めたころが食べごろです。

栄養のこと
βカロテンの含有量はトップクラスです。

まめ知識
熟すと果皮が赤紫色になるものと、黄色になるものがあります。食べるときは、半分に切ってスプーンで種ごとすくいます。

出回る時期
6月〜8月（国産）
周年（輸入）

見分け方
● 果皮にツヤがあるもの。
● 重量感があるもの。
● 香りが高いもの。

常緑果樹

サボテン科ヒロケレウス属　dragon fruit・pitaya

ドラゴンフルーツ

| 原産地 | 南米 |
| 主な産地 | 沖縄・鹿児島・千葉・メキシコ・ニュージーランド |

皮にハリがあり
しなびていない

サボテンの実

竜のうろこのような果皮の形から、「ドラゴンフルーツ」の名が付けられました。サボテン類の果実を称す「ピタヤ」とも呼ばれます。果皮と果肉が赤い「レッドピタヤ」、果皮は赤く果肉が白い「ホワイトピタヤ」、果皮が黄色で果肉が白い「イエローピタヤ」に分類されます。

保存のポイント
追熟しないので、なるべく早く食べきります。

栄養のこと
ナトリウムの排出を促すカリウムが豊富に含まれています。

まめ知識
ゴマのような粒々は種ですが、そのまま食べられます。クシ型に切り皮の端を持ち上げると、皮と果肉がきれいに離れます。生食のほか、ジャムやゼリー、アイスにも。

出回る時期
7月〜11月（国産）
1月〜5月（輸入）

見分け方
● 重量感があるもの。
● 果皮に張りがあるもの。
● 葉のような突起が幅広く短いもの。

カタバミ科ゴレンシ属　starfruit

スターフルーツ

| 原産地 | マレー半島・ジャワ島 |
| 主な産地 | 沖縄 |

シワや斑点が少ない

星型がチャームポイント

断面の星型が特徴的で、通称名の「スターフルーツ」とよばれていますが、和名は「五斂子（ゴレンシ）」。国内では、沖縄県で栽培されています。熟すと淡緑色から淡黄色になる生食向きの「甘味種」と、加工や料理向きの「酸味種」があります。

保存のポイント
緑色のものは常温で追熟させます。黄色くなり食べごろになったものはポリ袋に入れて冷蔵庫で保存。

栄養のこと
食物繊維が果物の中では比較的多く含まれています。

まめ知識
12月を除く9月〜3月まで出回ります。角の硬い部分をピーラーで削ぐと食べやすくなります。

出回る時期
9月〜11月
1月〜3月

見分け方
● 果皮に張りがあるもの。
● 果皮が黄色のもの

キントラノオ科ヒイラギトラノオ属　acerola

アセロラ

原産地 西インド諸島　　**主な産地** 沖縄

出回る時期
5月～8月

皮に傷がなく
ツヤがある

ビタミンCの宝庫

生で食べることができる甘味種と、酸味種があり、後者はジュース、ジャムなどに加工されます。大半は輸入品で、国内では沖縄県などで栽培されています。

保存のポイント
日持ちがしないので早めに食べきります。ポリ袋に入れ冷蔵庫か、冷凍もできます。

栄養のこと
ビタミンCが非常に豊富で特に「酸味種」には多く含まれます。

まめ知識
赤い果実は熟している証拠ですが、ビタミンCは熟していないもののほうが多く含まれます。また10%程度の果汁入りアセロラジュースでもビタミンCは豊富です。

全体がふっくらして
ハリがある

バンレイシ科バンレイシ属　atemoya

アテモヤ

原産地 アメリカ　　**主な産地** 沖縄・鹿児島

出回る時期
11月～3月

森のカスタード

収穫後、追熟させ生でそのまま食べます。甘味が強く、その口当たりから「森のカスタード」と呼ばれています。栽培地も限られ、収穫期間も短いため希少。

保存のポイント
常温で追熟し香りが強くなり、柔らかくなったころが食べごろです。

栄養のこと
食物繊維や、カリウムが多く含まれています。

見分け方
● 果皮のデコボコが少なく、張りがある。

虫くい
していない

ヤマモモ科ヤマモモ属　bayberry

ヤマモモ

原産地 日本・中国南部　　**主な産地** 徳島・高知

収穫時期
6月～7月

沿海地に育つ甘酸っぱいモモ

関東以南の温暖な地域で生産されますが、年によって豊凶作の差が大きく収穫後の鮮度劣化が早いため、果実酒やジュースなどの加工利用がほとんどです。

保存のポイント
日持ちがしないため、すぐに食べきるか、ジャムやジュースに加工します。

栄養のこと
食物繊維が果物の中では多く含まれます。

まめ知識
主産地の徳島県では、阿波藩の時代から飢饉時の代用食とて保護育成していました。徳島県では「県の木」に選定されるほど親しまれています。

ムクロジ科レイシ属　litchi

ライチ

原産地 中国南部・ベトナム
主な産地 鹿児島・宮崎・沖縄・台湾

出回る時期
6月～7月（国産）
5月～7月（台湾）

皮が鮮やかな紅色

楊貴妃が好んだ果物

「レイシ」とも呼ばれます。熟すと果皮は紅色になりますが、枝から離れるとすぐに茶褐色に変わり、日持ちがしないため冷蔵や冷凍で流通されています。独特の高貴な香りがあり、みずみずしく、さっぱりとした味です。樹皮、根は、うがい薬などに用いられています。

保存のポイント
ポリ袋に入れて冷蔵庫で保存。冷凍ライチは、冷凍庫に保存し自然解凍して食べます。

栄養のこと
貧血予防に効果的な葉酸が豊富に含まれ、ビタミンCも比較的多く含まれています。

ライチの仲間
リュウガン（竜眼）は、同じムクロジ科の近縁種です。ライチよりも種が大きく、果肉が少ないです。

乾果は漢方や中華料理にも使われています。

まめ知識
唐の時代の美女として、史上に伝えられた楊貴妃（ようきひ）が好んだ果実といわれています。

見分け方
● 生果は果皮が鮮紅色のものが新鮮です。

フトモモ科バンジロウ属　guava

グアバ

原産地 熱帯アメリカ
主な産地 沖縄

出回る時期
7月～8月

皮にハリがある

香りが強くなったら食べごろ

世界的には加工用品種の栽培が多く、果肉も白色、黄色、ピンク色、赤色と多種あります。沖縄県では果肉が濃いピンク色の生食用品種を栽培しています。熟した果実の甘みは非常に強く、果肉はなめらかでねっとりとした味わい。小さな種も食べられます。

保存のポイント
硬い場合は常温で追熟します。香りが強くなり、やわらかくなったら食べ頃です。

栄養のこと
赤色系の品種には、βカロテンが多く含まれています。

グアバの仲間
大産地のニュージーランドで、3月～4月に出回る「フェイジョア」は、同じフトモモ科の近縁種です。半分に切って、スプーンですくって食べます。

まめ知識
沖縄県や九州では、バンシロ（奄美大島）、バンシルー（沖縄本島）、バンチキラ（宮古島）、と地域の方言で呼ばれています。

見分け方
● 果皮に張りがあるもの。
● 重量感のあるもの。

Fruits column

「食べる」以外のフルーツの楽しみ方

　これまで、さまざまなフルーツの特徴や選び方、食べ方などを学んできましたが、フルーツを楽しむ方法は「食べる」ことだけではありません。

　例えば「フルーツ狩り」。収穫時期が異なるため、イチゴ、モモ、ブドウ、ナシ、リンゴ……と、年間を通じてフルーツの収穫体験ができます。その魅力は、自分で採った旬の果物をその場で味わえること。枝やツルから採って食べるフルーツのおいしさは格別です。枝や葉のつき方、果実がどのように実っているのかを、自分の目で確かめるチャンスにもなります。

　果樹園の方に、栽培の工夫やおすすめの食べ方などを質問してみるのも良いですね。「百聞は一見に如かず」。フルーツを学ぶ上でも、産地にはぜひ足を運んでみてください。

　また近年、爆発的なブームとなっている「マラソン」も、フルーツと無関係ではありません。

　女性ランナーが増えている昨今、注目を集めているのが「グルメマラソン」です。グルメマラソンとは、コースの途中やゴール後に開催地のご当地グルメやスイーツが食べられるというもの。新潟の「南魚沼グルメマラソン」や「京都ご当地グルメリレーマラソン」などがあります。

　そして、フルーツ好きにたまらないのが「フルーツマラソン」です。今年8月で第56回の開催となった福島県伊達市「伊達ももの里マラソン」は、入賞者や遠方からの参加者に特産のモモが授与されます。千葉県富里市「富里スイカロードレース」（6月）は、給水所ならぬ"給スイカ所"があり、20位までの入賞者にはスイカ1玉を贈呈。山梨県甲州市「甲州フルーツマラソン大会」（10月）は、ゴール後にブドウとワインがふるまわれるなど、スポーツとフルーツを組みあわせたイベントが各地で開催されています。こちらも1年中楽しめますので、ぜひチェックしてみて下さい。

【日本各地のフルーツマラソン】
■2月／熊本「玉名市横島町いちごマラソン」■4月／秋田「日本海メロンマラソン」■6月／山形「サクランボマラソン」■9月／岡山「ぶどうの里ふれあいマラソン」／山梨「山梨市巨峰の丘マラソン」■10月／青森「弘前・白神アップルマラソン」／広島「ヒロシマMIKANマラソン」■11月／山形「天童ラ・フランスマラソン」■12月／静岡「袋井クラウンメロンマラソン in ECOPA」

第6章
老舗フルーツパーラーの
カッティングテクニック
&フルーツレシピ

フルーツ専門店として130年以上の歴史を持つ新宿高野。この章では、タカノフルーツパーラー新宿本店のグランドシェフ、森山登美男さんに基本のフルーツカッティングを教えてもらいます。また、高野オリジナルのフルーツサラダのレシピも紹介します。

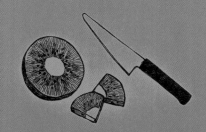

Fruits Cutting

Orange

オレンジの飾り切り

カッティングは、基本的に食べやすいものであることが重要です。
大きさや形状、皮をつけるか、むくかなど、常に食べやすさを考えましょう。
オレンジは、すべてのフルーツ・カッティングの基本となります。

1 縦半分に切る。途中で止めるとなめらかに仕上がらないので、よく切れるナイフで一気にカット

2 芯の左右にV字形に切りこみを入れる

3 芯をはずす。口あたりがなめらかになる。この状態で、芯をはずしておくのがもっとも効率的

第6章 フルーツカッティング…**オレンジ**

4 半分に切った後、それぞれをさらに半分に切る

\ 基本のくし切り！/

5 基本のくし形切りのできあがり。この形から、皮にさまざまな飾り切りを入れていく

6 皮と果肉の間にナイフを入れ、2/3くらいまで切る。ナイフをまな板と平行にすべらすと良い

7 さらに、皮の内側の白い部分を薄く切り取る（飾り切りがスムーズにでき、皮が曲げやすくなる）

8 皮の片側に斜めに1本切り込みを入れる

9 皮の先端を果肉に沿って内側に曲げる。皮がきれいに丸まるように曲げたら、できあがり

Variation | 切り込みの入れ方で多彩なバリエーションに！

片側に1本の切り込み

片側に2本の切り込み

両側に1本の切り込み

皮に入れる切り込みの形で、さまざまなバリエーションができます
両側に1本ずつ切り込みを入れて曲げると「うさぎ」に！

Fruits Cutting

Apple

リンゴの飾り切り

真っ赤な皮を上手に使ったカッティングで、個性的な演出ができます。
切り口が変色（褐変）しやすいので、塩水、レモンやライムなどの果汁を加えた水（酸性の液）、アスコルビン酸（ビタミンC）溶液につけて、漬けながらカットします。

1 縦半分に切る。枝がじゃまなら取っておく（枝をつまんで固定し、リンゴを回すと簡単に取れる）

2 オレンジ（→P82）と同様に、芯の左右にV字形に切りこみを入れ、芯を外す

3 さらに半分に切る。さらに、それぞれを半分に切って、4等分にする

＼ 基本のくし切り！／

Variation 1

4 基本のくし形切り。果肉側を下にして盛り付ける場合は、芯側が直線になるよう整える

1 くし形切りのリンゴを、縦に極薄切りにする（写真右上）。横にして斜めに極薄切りにする

2 何枚かずつまとめ、ずらして重ね、羽のようにする。横バージョンは小さめの羽になる

第6章 フルーツカッティング…リンゴ

Variation 2

1 くし形切りのリンゴの皮側に、端を5mmほど残して左右からV字の切り込みを入れて切り離す

2 *1*の切り目の内側をさらに5mmほど残してV字に切り離す。さらに内側も……と繰り返す

3 V字に順に入れた切り込みを少しずつずらして「木の葉」の形にする

Variation 3

1 くし形切りのリンゴの皮側に、点線のように切り込みを入れる（果肉を浅く切るくらいまで）

2 端から皮と果肉の間にナイフを入れ、*1*の切り込みのところまで切る

3 そっと皮をはずす。切り込みの形によって、さまざまな飾り切りができる

85

Fruits Cutting

Pineapple

パインアップルの飾り切り

特徴的な外見のパインアップルは、果肉をくりぬいて外皮を利用します。
ボートやカップ、バスケットなどにカッティングすることで、
中にフルーツを盛り合わせることもでき、ゴージャスな印象になります。

1 葉付きのまままな板に立てて置き、葉の間から庖丁をいれる

2 半分に切る

3 大きさに応じてさらに半分、もしくは3等分に切る。これがボート形の基本となる

4 両端を切り落とさないよう、芯の部分に水平にナイフを入れ、底側から葉側に向けて切り進める

5 葉から約1cmを残していったんナイフを抜き、切り始めのところに戻り、縦にナイフを入れる

6 皮側の茶色い芽の内側に沿って切り進めていき、5の切り終わりにつなげるようにする

7 果肉をそっと外す

8 横に倒して、果肉を食べやすい大きさに切る

9 ボートも横に倒して、8の果肉を皮にはめ込む

10 一口大に切った果肉がボートにおさまった状態

11 はめこんだ果肉を互い違いになるように盛り付けていく

12 ボート形の盛り付けのできあがり

Mango

マンゴーの飾り切り

国産の栽培や輸入の増加で、より身近なフルーツとなったマンゴー。真ん中に平たい種があるので、それを避けるように縦にナイフを入れて、種のある部分とない部分の3枚にカッティングするのが基本です。

1 枝のついた側から、真ん中よりやや上側にナイフを入れる

2 中央の平たい種の上に沿って水平にナイフを進めていく

3 実を切りはずす

Variation 1

4 マンゴーの上下を返し、1～3と同様に反対側の実も切りはずす

5 種のある部分とない部分の3枚に切り分けた状態。種のある部分は、皮をむきジュースやアイスに

1 種を外したマンゴーを片手に持ち、切り口にナイフの刃先で縦に切り込みをいれる

2 刃が皮に当たるところまでナイフを入れて、格子状に切り進めていく

3 皮を切らないように格子状に切り込みを入れたマンゴーを両手で持つ

4 皮の中央を軽く押すようにして、そっと反り返す

5 亀の甲羅のような「亀甲切り」のできあがり

第6章 フルーツカッティング…マンゴー

Fruits Recipe

第6章 フルーツレシピ

**フルーツと野菜を使った
ごちそうサラダ**

食後のデザートという印象が強いフルーツですが、煮たり焼いたり、ジャムにしたり。さまざまな形で使うことで、料理の幅を広げてくれます。そんなフルーツを使ったサラダを紹介します。

strawberry

いちごのおもてなしサラダ

生ハムの塩気とクリームチーズがアクセントの彩り豊かなサラダ。
ドレッシングにもつぶしたイチゴを混ぜると、より風味がアップ。

材料（2人分）
イチゴ…1/2パック
ラズベリー…7個
ベビーリーフ…1袋（50g）
アスパラガス…3本
クリームチーズ…40g
生ハム…4枚
※ドレッシング用のイチゴは別途3個

作り方
1 イチゴは1/4にカットする。アスパラガスはゆでて、1/3に切っておく。クリームチーズは、1cmの角切りにする。
2 皿にベビーリーフ、ラズベリー、生ハムを盛り合わせる。
3 つぶしたイチゴを混ぜたフレンチドレッシングを、まわしかける。

91

Fruits Recipe

Pineapple

パイナップルのパワーサラダ

グリルして甘みを増したパインアップルと、香ばしいピーナッツのトッピングがハワイアンテイストなレシピ。チキンは食べごたえあり。

材料（2人分）

パイナップル…1/8個
鶏肉…200ｇ
グリーンカール…2枚
トレビス…2枚
ピーナッツ…適量
塩…少々
ブラックペッパー…少々
サラダ油…適量

作り方

1 鶏肉に塩、ブラックペッパーで下味をつけ、パイナップルとともに油をひいたフライパンで焼く。
2 ピーナッツは細かく砕いておく。
3 グリーンカールとトレビスを一口大に切り、皿に盛りつける。

いちじくと焼き根菜のサラダ

根菜といちじくの異なる食感が楽しいサラダ。ごまドレッシングに味噌を加えることで味に深みが増します。イチジクの後味も爽やか。

第6章 フルーツレシピ

材料（2人分）
イチジク…2個
ゴボウ…50ｇ
レンコン…100ｇ
水菜…⅛束
サラダ油…適量

味噌……10ｇ
ごまドレッシング＝サラダ油（大1）、酢（大2）、マヨネーズ（大2）、白すりごま（20ｇ）、砂糖・塩…少々

作り方
1. ごまドレッシングと味噌を混ぜ合わせておく。
2. ゴボウは3㎜幅の斜め切りにして、水にさらしてあく抜きをしておく。レンコンは5㎜幅の半月切りにする。
3. サラダ油を熱したフライパンで、水気を切ったゴボウとレンコンを焼き、取り出してから1と和える。
4. ¼のくし切りにしたイチジク、4㎝くらいに切った水菜とともに皿に盛りつける。

kiwi fruit

グリーンキウイサラダ

あえて緑色のワントーンでそろえた、おしゃれなサラダ。ブロッコリーとアスパラガスは、食感が残る程度にゆでるのがポイントです。

材料（2人分）
キウイフルーツ…1個
グリーンカール…4枚
ブロッコリー…1/3株
アスパラガス…4本
グリーンドレッシング（→P95）
バター…10g
塩、黒コショウ…適量

作り方
1. ブロッコリーは小房に分け、アスパラガスは5cmに切ってゆでる
2. グリーンカールは一口大に切る。キウイフルーツは縦1/2にカットし、薄い半月切りにする。
3. すべてを軽く合わせ、グリーンドレッシングをまわしかける。

フルーツドレッシング

ジャムドレッシング

ジャムの甘みで白ワインビネガーの酸味がまろやかに！

材料
ジャム…大さじ2
オリーブオイル…大さじ2
白ワインビネガー…大さじ2
砂糖・塩・こしょう…少々
バター…10g
塩、黒コショウ…適量

作り方
1　白ワインビネガーに砂糖を入れてよく混ぜ、少しずつオリーブオイルを加える。
2　好みのジャム（写真はストロベリー）を加えて混ぜ、塩・こしょうで味を調える。

レモンドレッシング

レモンを皮ごと使い、香りと苦みを活かして後味爽やか

材料
レモン…½個（国産）
オリーブオイル…大さじ2
酢…大さじ3
塩・こしょう…少々

作り方
1　レモンは皮ごと細かくカットし、種を除いてフードプロセッサーにかける。酢、オリーブオイルを加えてよく混ぜる。
2　塩、こしょうで味を調える。

グリーンドレッシング

キウイのビタミンCがパセリに含む鉄分の吸収をUP！

材料
キウイフルーツ…1個
パセリ…5g
白ワインビネガー…大さじ2
オリーブオイル…大さじ1
塩・こしょう…少々

作り方
1　キウイフルーツをすりおろし、パセリをみじん切りにする。
2　1に白ワインビネガーとオリーブオイルを加え混ぜ、塩・こしょうで味を調える。

グレープフルーツのタルタルソース

独特のほろ苦さと酸味であっさり味のタルタルソースに

材料
グレープフルーツ…¼個
玉ねぎ…⅛個
ゆで卵…1個
マヨネーズ…大さじ2
酢…少々
塩・こしょう…少々

作り方
1　グレープフルーツは身を取り出し、みじん切りに。玉ねぎもみじん切りにする。
2　卵を固めにゆでてフォークでつぶし、マヨネーズを加え、よく混ぜてから2を加える。
3　酢でなめらかにのばし、塩・こしょうで味を調える。

フルーツ・カッティングを教えてくれた方

**タカノフルーツパーラー新宿本店
フルーツクチュリエ**

森山 登美男（もりやま とみお）

1957年生まれ、神奈川出身。青果商を営む実家の家業に携わった後、1978年に株式会社新宿高野に入社。タカノフルーツパーラー新宿のグランドシェフとしてパフェをはじめ数々の商品開発を手がける。

●老舗フルーツパーラーの教室

豊かさや潤いのある生活の実現のため、フルーツ専門店として「フルーツのある暮らしの提案」をする新宿高野。フルーツの選び方や美味しい食べ方、保存方法など、専門店ならでは知識を楽しみながら学び、フルーツをライフスタイルに上手に取り入れるために、「フルーツカット教室（初級コース・上級コース）」をはじめ、さまざま実践的な教室を開催しています。
http://takano.jp/

第7章
フルーツを とりまく情勢

これまでさまざまなフルーツについて、個別に紹介してきましたが、この章では、国内のフルーツをめぐる情勢について解説します。また、フルーツをはじめとした「食べ物」から得られる栄養やその働き、フルーツ摂取によって期待される健康効果についても紹介します。

フルーツの需給構造
国内生産が40%、輸入フルーツが60%

これまで学んできたように、日本の各地で立地条件に応じた多様な果物が栽培されています。例えば、東日本を中心としたリンゴ、西南の暖地に多い柑橘類、山形県のサクランボ、山梨県のモモやブドウ、鳥取県のナシ、沖縄県のパインアップルなど、東西に長く多様な気候をもつ日本列島だからこそ、それぞれ特徴的な産地を形成しているといえます。また、バナナやグレープフルーツをはじめとし、世界中からさまざまなフルーツも輸入されています。

この章ではまず、国内のフルーツをめぐる情勢について紹介します。

フルーツの国内需要のうち、国内で生産されているフルーツが、全体の約40%となっているのに対して、輸入フルーツが約60%を占めています（グラフ1）。

（グラフ1）果実の需要構造

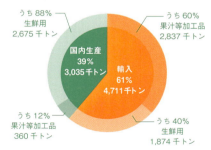

資料：農林水産省園芸作物課調べ
注：①果汁、加工品については生果に換算している。
　　②当該データは、メーカーや団体等への聞き取りをして整理した推計値である。

用途の内訳を詳しくみると、国内生産フルーツの90%近くが生鮮用なのに対して、生鮮用の輸入フルーツの割合は約40%にとどまっています。輸入フルーツの約60%は、主に果汁などの加工用なのが大きな特徴です。

さらに細かくみると、果汁など加工用の輸入フルーツの半分が、オレンジ果汁とリンゴ果汁で占めています。また、生鮮用の輸入フルーツのうち半分がバナナです。バナナは近年、目立って輸入量が減少しているフルーツの一つですが、まだまだ日本の食卓ではポピュラーな果物であることがわかります。

ちなみに、バナナ、パインアップル、グレープフルーツ、オレンジ、キウイフルーツ、アボカドの6品目で、生鮮用の輸入フルーツの約90%を占めています。

一方、生鮮用の国内生産フルーツの約30%が温州ミカン、約25%がリンゴです。バナナ、ミカン、リンゴ――。フルーツといえば誰でも初めに思い浮かべるだろう品目が、需給構造でも上位となっているわけです。

またフルーツの輸入状況は、生鮮・加工品を合わせて2004年の285万トンをピークに減少基調にあり、最近では230～240万トン程度で推移しています（財務省「貿易統計」）。2008年には過去に例を見ない大幅な減少を記録しましたが、これはリーマンショックの影響が少なからずあると考えられています。このように「数量」では減少している輸入フルーツですが、近年「金額ベース」では増加しています。これは、嗜好品としての要素も持つフルーツについて、中国をはじめとした新興国の「爆買い」による単価上昇が原因とされています。

フルーツの生産動向
生産量、栽培面積ともに緩やかに減少

第7章　フルーツをとりまく情勢

　日本の「果実」の産出額は約7600億円で、農業産出額8兆3600億円の約1割を占めています（平成26年　農林水産省「生産農業所得統計」）。

　これは「畜産」（2兆9400億円）、「野菜」（2兆2400億円）、「米」（1兆4300億円）に続く第4位となっています。

　また品目別の産出額割合をみると、リンゴ（1470億円、19%）、温州ミカン（1394億円、18%）、ブドウ（1098億円、14%）で、産出額の約50%を占めています。

　フルーツ（果樹）の生産動向をみると、生産量は緩やかな減少傾向で推移しています（グラフ2）。栽培面積も同様に緩やかに減っていますが、これは、果樹生産者の高齢化が進んでいることが原因と考えられます。果樹の栽培農家（販売農家）数の推移をみると、平成12年に約33万戸あった果樹栽培農家数が、平成17年には28万戸に、平成22年には24万戸に減少しています（農林水産省「2010年農林業センサス」）。

　一般的に日本の果樹栽培は、ほかの作物の栽培が難しい中山間地域で行っていることが多く、こうした地域を中心に形成された主産地では、その果樹が地域の農業産出額の多くを占める基幹産業となっているケースが多いです。

　一方で、平成17年間から5年間で果樹農家の経営者数は12%減少、60歳以上の割合は8.4%上昇しており、農家の減少と高齢化が急速に進んでいることが分かります。耕作放棄も進んでおり、平成22年の耕作放棄地率は8%となっています（農林水産省「農林業センサス」）。

　果樹は、収穫など機械化が難しい作業や剪定など高度な技術が必要な作業が多いことから、米づくりや野菜栽培などと比べて主業農家の割合が高いのが特徴です。こうした主業農家のうち、約60%が栽培面積1ヘクタール未満の小規模農家であり、経営規模の拡大や作業の省力化、労働調整などが大きな課題となっています。

（グラフ2）果樹の生産量の推移

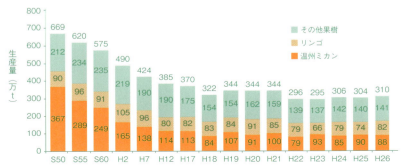

資料：農林水産省「食料需給表」

Fruits Report

フルーツの消費動向
すべての世代で 10 年前の摂取量よりも減少

　国内の年間1人あたりのフルーツの「供給純食料*」は34.9kgで、近年はほぼ横ばいで推移しています（平成26年概算、農林水産省「食料需給表」）。これは生鮮用のフルーツの購入数量が減る一方で、加工品の購入数量が増えているためと推測されています。

　日本人1人あたりが1日にフルーツを食べる量は、112g（平成25年）にとどまっています。これを世代別にみると、特に20～40歳代がフルーツを食べる量が少ないことがわかります（グラフ3）。さらに現在と10年前を比較すると、すべての世代でフルーツを食べる量が減っており、40～50歳代の落ち込みが特に大きくなっています。食料支出に占める割合は、フルーツは減少傾向にありますが、菓子類や飲料は増加しています（総務省「家計調査」）。

　消費者が〈生鮮果物を毎日食べない理由〉についての調査結果では、「日持ちせず買い置きできない」（42.2%）、「値段が高い」（39.1%）、「皮をむく手間がかかる」（29.7%）などの理由ほか、「ほかに食べる食品がある」（28.2%）などがあげられました（平成26年度　中央果実協会「果実の消費に関するアンケート調査」）。

　また、同じ調査で〈果物の消費量を増やすための提供方法〉を聞いたところ、「食べやすい」「見た目は良くないが安価」「日持ちがする」「農薬を使っていない」などが上位にあげられました。さらに〈果物の消費量を増やすための販売方法〉については、「バラ売り」「店頭試食」「コンビニ販売」「栄養素・保存方法の表示」などが望ましいとされています。

　子どもたちのフルーツの摂取量に大きく貢献する「学校給食」については、小学校・中学校ともに、"1回の学校給食で望ましいとされる摂取量"の約半分程度にとどまっているのが現状です。

＊「供給純食料」とは、通常の食習慣で廃棄される部分（フルーツの場合は皮や芯）を差し引いた可食部分のこと。人間の消費に直接利用できる量を指します。

（グラフ3）世代別果実摂取量（現在と10年前の比較）

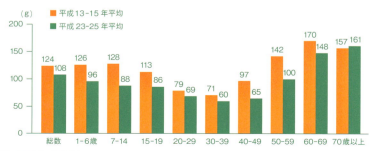

資料：厚生労働省「国民健康・栄養調査」
注：「果実摂取量」とは、摂取した生鮮果実、果実缶詰、ジャム、果汁類の重量の合計

フルーツの消費拡大対策
フルーツは毎日 200g 食べよう！

　農林水産省と厚生労働省が 2005 年に策定した「食事バランスガイド」は、1 日に「何を」「どれだけ」食べたらよいかの目安を、コマのイラストを使って示しています（図1）。

　このなかで、果物は毎日約 200g を摂取するようにと勧めています。リンゴやナシであれば 1 日 1 個、ミカン、カキ、モモであれば 1 日 2 個くらいが目安です。日本人 1 人あたりが 1 日にフルーツを食べる量は 112g ですから（→ P100）、意識してフルーツを摂取する必要があるといえます。

　こうしたことから、農林水産省では、生産、流通、消費の関係団体や、農学、医学、食生活指導、料理などの専門家で構成する「果物のある食生活推進全国協議会」を設置。フルーツを毎日の食生活に欠かせないものとして定着させるために、「毎日くだもの 200g 運動」を推進しています。

　さらに、厚生労働省が 2013 年に発表した「健康日本 21（第 2 次）」では、「果実摂取量 100g 未満の者の割合」が 61.4％ となっているのに対して（平成 22 年国民健康・栄養調査）、これを平成 34 年には 30％ にするという目標数値をかかげています。

　これを達成するために、国などでは、子どもを対象とした食育出前授業や、フルーツ摂取量が少ない世代を対象とした料理教室の開催、量販店や企業の社食などと連携したキャンペーン活動を実施しています。さらに、消費者のニーズに合わせた食べやすい品種の育成や、カットリンゴの自動販売機の設置など加工品の開発、果物の機能性成分の解明など研究成果の啓発活動も行われています。

（図1）食事バランスガイド

注：「つ(SV)」とは、どれだけ食べたらよいかを表す単位

Fruits Report

フルーツの流通
購入先の60%がスーパーマーケットで

　天候などの自然条件などによって、収穫量が大きく左右される生鮮用のフルーツを、安定的に供給するためのしくみとして「卸売市場」があります。

　卸売市場を介した流通では、全国で生産されたフルーツは、まず生産組合や農協などを経て卸売市場に運ばれます。それを「せり」や話し合いで取り引きする「相対」売りを通じて、仲卸業者や売買参加者が大きさや品質を「目利き」しながら購入。仲卸業者の市場内の店に並べられたフルーツが、小売店や飲食店、スーパーマーケット（以下スーパー）などに販売されます。

　こうして生鮮用のフルーツは、多くの人の手を介して、果実小売店の店頭やスーパーの青果売り場に並べられ、私たちの手に届けられています。しかしこうした卸売市場を経由する割合は、社会経済的な条件や技術革新などの変化を受けて、減少傾向にあります。現在は、生鮮用フルーツの全体の70%程度となっています。

　一方、生鮮用フルーツの購入先別支出割合をみると、年々スーパーでの割合が増えており、平成26年には一般小売店（14%）、生協・購買（7%）、百貨店（3%）などを大きく引き離し、スーパーが全体の60%を占めています（グラフ4）。これはスーパーやコンビニエンスストアの店舗数が伸びてきた結果、果実小売店（くだもの屋）が減ったからと考えられます。ちなみに果実小売店の店舗数は、過去10年間で半減しています（経済産業省「商業統計」など）。

　果樹は、実がたくさんなる「おもて年」、実がつきにくい「うら年」があり、台風などの気象条件による豊作・凶作の変動が大きい農産物です。このため需給バランスが崩れ、価格変動しやすいという特徴があります。国などでは、生産量の多い温州ミカンやリンゴをはじめとして、計画的な生産・出荷・緊急的な出荷調整、優良品目・品種への転換などを行い、安定的な需給を保つ政策に取り組んでいます。

（グラフ4）生鮮果実の購入先別支出割合

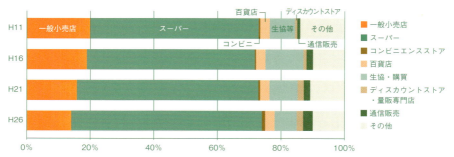

資料：総務省「平成21年全国消費実態調査」

フルーツの加工
加工用に特化した果樹栽培にも注目

日本では、国内生産フルーツの90%近くが生鮮用であり、梅干しや梅酒などの加工向けが約60%を占めるウメや、缶詰用などの加工向けが40%のパインアップルなど、加工を前提として生産されているものは少数です。このように「生食用*」を前提として生産されたフルーツのうち、傷があったり、色が一定でなかったりするものは「すそもの」と呼ばれ、加工用の原料として使われるケースも多くなっています。

こうした加工用のフルーツの原料価格は、例えばリンゴでは「生食用」が174円／kg程度に対して、「果汁用」は35円／kg程度。ブドウでは「生食用」が599円／kg程度に対して、「果汁用」は130円／kg程度、「醸造用」は180円／kg程度などと、一部の果実を除き、「生食用」に比べて著しく安くなっているのが現状です（「品目別経営統計、農林水産省生産流通振興課調べ」）。

一方で、「食べやすく、安価、日持ちがする」など、消費者のニーズに合ったフルーツのあり方が求められていることから、新しい加工品の開発も進んでいます。欧米では、カットフルーツなどスナック感覚で食べられるフルーツの需要が増え、市場での成長率も著しいという統計もあります（グラフ5）。

こうしたことから、日本でも「すそもの」で対応していたジュースなどのフルーツ加工品を、加工専用の園地（栽培地）を設けて生産する例が出てきています。

例えば、ジュース製造業者と契約して栽培するリンゴ（紅玉）の場合、摘果（＝果実を間引くこと）せずに収穫量を確保したり、手取りではなく木をゆすって一斉収穫したりと、収穫量アップ・省力化に努めて安定的に生産することで、通常の加工用リンゴよりも高価格での取り引きが実現しています。

こうした加工用に特化したフルーツの生産は、生産者の収入アップや労働時間の軽減だけでなく、消費者にとってもそのフルーツの特性を活かした加工が可能となり、品質が向上したり安定供給により価格が下がったりと、メリットが得られるとして注目されています。

＊「生食用」は、産地から生鮮の状態で出荷されるものであり、必ずしも生鮮で食べられるもののみを指してはいません。

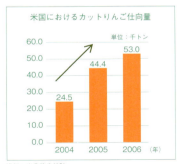

（グラフ5）欧米でのカットフルーツの動き

フルーツの輸出
多品目・周年供給で「ジャパン・ブランド」を構築

　日本で生産されている生鮮用フルーツの輸出の推移をみると、近年、大きく増加していることが分かります。平成27年には、輸出額の75％を占めるリンゴが初めて100億円を突破し、輸出額全体もここ10年で最高の180億円となりました。

　これは、台湾が自由貿易の促進を目的とする国際機関WTO（世界貿易機関）に加盟したことに伴い、果実の輸入枠が緩和され、台湾向けのリンゴを中心に輸出が伸びているのが要因と考えられています。リンゴの輸出先別割合（平成27年、金額ベース）をみると、総額134億円のうち、台湾が99.2億円、香港24.8億円、中国6.3億円、タイ2.0億円と、そのほとんどを台湾・香港・中国で占めています（グラフ6）。

　同様にミカンの輸出先別割合（同）は、総額6.1億円のうち、カナダ2.7億円、香港1.6億円、台湾0.9億円、日本ナシの輸出先別割合（同）は、総額7.2億円のうち、香港3.7億円、台湾3.0億円、アメリカ0.2億円などとなっています。

　このように、現在の生鮮用フルーツの主な輸出先である台湾に加えて、今後も成長が著しいアジア圏に着目した、戦略的な市場の開拓が重要だといえます。

　国は、台湾・東南アジアなどをフルーツの輸出先の重点国に位置づけ、富裕層をはじめとし、人口の多い中間層もターゲットとして、マーケティングに力を入れていく構えです。さらに、周年供給が可能なリンゴをメインとしながら、柑橘類やイチゴなどを組み合わせて、日本産のフルーツが常に海外の百貨店やスーパーなどに並ぶ「ジャパン・ブランド」の確立を目指し、「多品目・周年供給」を確保する体制づくりに取り組んでいます。

（グラフ6）主な生鮮果実の輸出の推移

資料：財務省「貿易統計」

栄養の基本
栄養素は三大要素から七大要素へ

栄養学に少しでも興味があるという方は「三大栄養素」や「五大栄養素」という言葉を聞いたことがあるのではないでしょうか。

私たちが生きていく上では、さまざまな栄養素をバランスよく摂取することが必要です。ここで、フルーツをはじめとした「食べ物」から得られる栄養や、その働きについて紹介します。(図2)

まず、タンパク質、糖質(炭水化物)、脂質の3つの栄養素を「三大栄養素」といいます。タンパク質は、骨や筋肉、皮膚、臓器、毛髪、血液、酵素、ホルモンなどを作る主要成分です。糖質は、脳や筋肉が働くための速効性のあるエネルギー源。筋肉運動と体温維持という、生命維持のための重要な役割を果たします。脂質は、ヒトにとって効率の良いエネルギー源で、ホルモンの原料や細胞膜の構成成分。不足すると皮膚が乾燥したり、脂質性ビタミンの吸収を妨げたりします。

三大栄養素に、微量栄養素であるビタミンとミネラルが加わったものが「五大栄養素」です。ビタミンは、身体の調子を整え、健康維持と体調管理に欠かせない栄養素です。タンパク質、糖質、脂質の合成と分解を助ける働きをします。ビタミンは水溶性ビタミン9種類と、脂溶性ビタミン4種類の13種類に分類されます。

また、ミネラルは無機質と呼ばれるもので、ヒトの身体を構成する元素から、酸素、炭素、水素、窒素を除いたものの総称です。私たちは体内でミネラルを生成できないので、食事から摂りいれます。身体に必要なミネラルはカルシウム、鉄、ナトリウム、カリウムなどの16種類です。

これに食物繊維を加えたものを「六大栄養素」といいます。食物繊維は、糖質と同じ炭水化物の一種ですが、ヒトの消化酵素で分解されないものを指します。食物繊維は、水溶性食物繊維と不溶性食物繊維の二つに分類されます。

また、最近では「ファイトケミカル」を加えた「七大栄養素」という概念も注目されています。ファイトケミカルとは、ギリシャ語で植物を意味するファイト(phyto)と、化学物質を意味するケミカル(chemical)の造語で、あらゆる研究から健康の維持・増進に役立つと期待されている植物由来の栄養素です。ファイトケミカルは植物の色や香り、苦みなどの源です。お茶に含まれるカテキン、ニンジンに含まれるβカロテン、ブルーベリーのアントシアニン、唐辛子のカプサイシンなどが広く知られています。

(図2) 栄養素の分類イメージ

Fruits Report

＼ ビタミン、ミネラルの宝庫！ ／
フルーツに含まれる主な栄養素

ビタミン、ミネラル、食物繊維を豊富に含むフルーツを習慣的に食べることで、生活習慣病を予防し、健康な生活の実現が期待できます。フルーツに多く含まれる主な栄養素について紹介します。

ビタミンC

フルーツといえばビタミンCがすぐ挙がるように、ビタミンCは多くのフルーツに含まれています。鉄分の吸収促進、白内障の予防、ガン予防、抗ストレスなどの効果が期待されています。また、シミやそばかすの原因となるメラニン色素の増加を抑制する作用や、シワやたるみなどの対策に有効なコラーゲンの生成を助ける働きがあると考えられ、「美白のビタミン」とも呼ばれています。水溶性のビタミンCは加熱に弱く調理で失われやすいので、フルーツから摂ると効果的です。

ビタミンB群

ビタミンB群とは、水溶性ビタミンのうち、ビタミンB1、ビタミンB2、ビタミンB6、ビタミンB12、ナイアシン、パントテン酸、葉酸、ビオチンの8種の総称です。それぞれのビタミンが役割を分担し、協力しながら各々の働きをします。B3、B4、B5がないのは、あとになって既存のものと同じとわかったり、または混合のものだと判明したりしたためです。ビタミンB群は、エネルギーの供給や物質代謝に関与しており、不足すると疲れやすくなります。

ビタミンA

ビタミンAは油脂にとける脂溶性ビタミンで、目などの粘膜の形成や、皮膚を正常に保つ働きがあります。粘膜の抵抗力を高める作用があり、不足すると目、鼻やノドが乾燥します。また、視力に関与する物質で、視力を正常に保つ機能もあります。成長に関与するため、妊娠や乳児にとって特に必要とされるビタミンです。βカロテン等のカロテノイドは、体内でビタミンAに変換するため、「プロビタミンA」と呼ばれています。

ビタミンE

ビタミン類の中でも特に抗酸化作用が高く、ヒトの老化を促す活性酸素の増加を抑制する作用や、毛細血管の血流をよくする働きがあり、「若返りのビタミン」ともいわれています。老化防止、ガン、高血圧、動脈硬化、心臓病、白内障など生活習慣病の予防効果が期待されています。脂溶性のビタミンEは、油と一緒に摂ることで吸収率がアップし、水洗いなどで失われることはありません。また、体内にある程度蓄積することができます。

カリウム

ヒトに欠かせない必須ミネラルのひとつで、血圧を正常に保つ役割や、筋肉の働きをよくする役割、細胞内の水分の浸透率を調整する役割などを果たします。カリウムは、高血圧や脳卒中等の脳血管疾患と深い関係にある、ナトリウムが過剰になった場合に、汗や尿として排出する作用があります。体内のカリウムとナトリウムはバランスが崩れると、筋肉がつりやすくなったり、疲労がたまりやすくなったりします。カリウムは水に溶けやすい性質をもっています。

食物繊維

大腸でガスなどを生成させ、腸内を酸性にする働きを持ち、腸の蠕動（ぜんどう）運動を活発にします。また、食物繊維はヒトの消化酵素では消化されないため、摂取量と便の量は比例することが明らかになっています。食物繊維によって、便の体積を大きくすることで、腸を通過しやすくします。こうした便秘対策以外にも、糖質や脂質の吸収を遅らせ、発がん性物質などの排泄を促進、悪玉コレステロールの上昇を抑える働きなどにより、生活習慣病の予防効果が期待されています。

有機酸（ゆうきさん）

有機酸はフルーツに含まれている酸のことです。クエン酸、リンゴ酸、コハク酸、酒石酸（しゅせきさん）、酢酸（さくさん）などがあり、フルーツを食べたときに感じる酸味と、爽やかな清涼感のもととなる成分です。有機酸は、腸内細菌のバランスを整える作用のほか、大腸内で悪玉菌を抑える力、貧血防止効果などがあるといわれています。クエン酸は疲労物質での乳酸の減少を促進する効果があり、またクエン酸やリンゴ酸は、糖質をエネルギーに転換するため不可欠な成分です。

葉酸（ようさん）

葉酸はビタミンB群の一種で、ビタミンB12と一緒に赤血球を作る働きがあります。アミノ酸やタンパク質の合成と生成を促し、細胞の生産や再生を助けて、身体の発育を促すのに必要な栄養素です。特に妊娠を望んでいる人や妊娠初期の妊婦に必要とされている成分として、厚生労働省では、妊娠希望者や妊娠初期の妊婦に、1日480μgの摂取を推奨しています。ほかにも、認知症予防効果やうつ病への関与が期待されています。

ポリフェノール類

ファイトケミカルの中で最も広く知られているのが、ポリフェノールでしょう。ポリフェノールは、植物の色素や味のもととなっている化合物で、高い抗酸化作用が認められています。これまで発見されているのは約5000種ですが、今後増える可能性もあります。現在発見されているもので期待されているのは、ブルーベリーが含むアントシアニンの視機能改善効果、大豆が含有するイソフラボンのホルモンバランス調整効果、柑橘類の皮やスジに豊富なヘスペリジンの血流改善効果などです。いずれも研究が続けられています。

水分

水分は厳密には「栄養素」とは呼びませんが、血液の成分となり、栄養素や老廃物などを運ぶ役割を担います。汗や尿になることで体温を調節し、正常に保つ働きをします。性別や年齢によって差はありますが、大人の身体の約60%は水分でできています。水分が失われるとまずノドの渇きを覚え、その後、頭痛や吐き気、めまいなどがおこり、情緒も不安定になってきます。最終的に水分不足で死に至ることもあります。

第7章　フルーツをとりまく情勢

Fruits Report

フルーツに期待される健康効果

フルーツに対する誤解
「フルーツは甘いから太る」は間違い

　フルーツは甘いので食べすぎると太るというのは誤解です。フルーツ100gあたりのカロリーは、品種などにより、厳密には異なりますが、ブドウが59kcal、リンゴが57kcal、ミカンが46kcal、イチゴが34kcalと、ショートケーキ100gあたり327kcalやチョコレート558kcalなどと比べると圧倒的に低いのです（2015年、日本食品標準成分表）。

　フルーツを食べると太るという誤解は、「甘いものはカロリーが高い」という誤った認識から生まれているようです。甘さは舌の上で感じる「味覚」です。味覚とは、甘さ、辛さ、酸っぱさなどの味を、舌など口中でどれほど感じたかという程度を表す概念です。一方、カロリーは食べ物が体内で吸収され、どれくらいのエネルギーになるかを示した概念です。味覚とカロリーはまったくの無関係。甘いから太るのではなく、カロリーが高いから太るというわけです。

　フルーツに含まれる甘味成分は果糖、ブドウ糖、ショ糖などの糖類です。ショ糖の甘さを1とすると、果糖は1.15〜1.73、ブドウ糖は0.65〜0.74と甘さは異なりますが、カロリーは全て1gあたり4kcalです。ちなみにショートケーキなどのスイーツのカロリーが高いわけは、糖分のせいではなく、バターや小麦粉など高カロリーな脂肪分を多く含むからです。カロリー摂取が気になる方やダイエット中の方は、甘いものが恋しくなったら生のフルーツを食べるといいでしょう。

日本人の多くは塩分過多
フルーツでカリウムを摂取

　塩分（ナトリウム）の過剰摂取は、高血圧や脳卒中、心臓病、腎臓病などに悪影響を与えることが明らかになっています。しかし、日本国民の食塩（ナトリウム）摂取量は一日10.6g（2010年）。厚生労働省が「日本人の食事摂取基準（2015年版）」の中で掲げた一日の目標量、成人男性8g未満、女性7g未満を大きく上回っています。国際高血圧学会と日本高血圧学会などが、一日6g以下の摂取を提唱していることを考えても、日本人が塩分過多であることがわかります。

　一方、同じ必須ミネラルであるカリウムは不足しています。「日本人の食事摂取基準（2010年版）」では、生活習慣病予防の観点から望ましいカリウム摂取量は、男女とも一日一人3500mgとされていますが、2012年のカリウム摂取量は2231mgでした。

　カリウムは、血圧を正常に保つ作用や、体内の過剰なナトリウムの排泄を促す作用があります。このため、カリウムとナトリウムはバランスよく摂取することが理想です。フルーツはカリウムを豊富に含む一方、ナトリウムをほとんど含んでいません。フルーツはナトリウムを減らしながらカリウムを摂取するのに適した食品といえるでしょう。

第7章 フルーツをとりまく情勢

フルーツは単においしいだけではなく、健康にも有効な栄養素がたくさん含まれることが、様々な研究結果によって分かってきています。ここからは具体的にフルーツのどういった成分が健康に良いのか、どのような症状や状態に効果が期待できるのかを、紹介します。

便秘には食物繊維を
水溶性食物繊維と不溶性食物繊維

便秘に悩まされる方は少なくありません。特に女性は体の構造上、男性よりも多いといわれています。便秘とは3～4日以上排便がなかったり、排便していても残便感が残る状態。予防と解決には、規則正しい生活や運動とともに、食物繊維の豊富な食事を摂ることが大事です。

食物繊維は人間の消化酵素では分解されないため、食べたものは小腸、大腸を通過し、最後には便として排泄されます。食物繊維は、ペクチンなどの水に溶ける水溶性食物繊維と、セルロースなどの水に溶けない不溶性食物繊維の二種類に分類します。

水溶性食物繊維は、腸内細菌によって分解され、腸内を酸性にします。酸性になった大腸内は刺激を受け、蠕動運動が活発になり、便を通過しやすくします。有用菌であるビフィズス菌を増やし、有害菌であるウェルシュ菌を減らす働きもします。

不溶性食物繊維は、腸内細菌によって分解されずそのまま排泄されるので、便のかさを増やします。また水分を保持する力があるので、便の水分を適正にします。

フルーツの多くは食物繊維を含んでいます。中でもリンゴやミカン、キウイフルーツなどは水溶性・不溶性両方の食物繊維を含むため、便秘に効果的です。フルーツは食物繊維以外にも、ナシのソルビトール、バナナのオリゴ糖など便秘への効果が期待できる成分を含んでいます。

フルーツでガン予防
アメリカ発「5 A DAY運動」

世界で最初にガン予防のため、「禁煙」と「果物・野菜の摂取」を勧告したのは、1982年、全米研究評議会（NRC）が発表した報告書『食生活と栄養とガン』書の中でした。アメリカでは1991年から国立ガン協会を中心に、ガン予防などを目的とした食事改善プログラム「5 A DAY」運動を展開しています。5 A DAYとは一日にフルーツと野菜を5皿（約400g）以上摂取しようというものです。

アメリカではガンによる死亡者数は1993年の205.6人（10万人あたり）を頂点に、1998年には200.3人に減少。イギリスでも同運動が推進され、1990年の280.8人から1997年には261.2人に減少しました。

2007年、世界ガン研究基金（WCRF）とアメリカガン研究財団（AICR）が、『食品、栄養、運動とガン予防』というレポートを発表しました。この中でフルーツと非でんぷん性の野菜は、口腔・咽頭・喉頭ガン、食道ガン、肺ガン、胃ガンの4つのガンのリスクを「ほぼ確実」に下げるという調査結果を示した（非でんぷん性の野菜は肺ガンを除く3つのガン）。

さらに、鼻腔ガン、すい臓ガン、肝臓ガン、大腸ガンのリスクを下げる「可能性がある」とも発表しました。レポートの中の「ガン予防のための10ヶ条」という項目には「植物性食品を中心とした食事をし、多種類の果物と、野菜、精製度の低い穀類、豆類を食べましょう」と記されています。

Fruits Report

糖尿病食事療法でも見直されている果物
糖質吸収を遅らせる食物繊維

　糖尿病とは、インスリン作用不足のために血液中の糖含量が高まり、慢性的な高血糖状態を起こし、さまざまな合併症を引き起こす病気です。突然発病する1型糖尿病と、食生活の不摂生などにより発病する2型糖尿病などがあります。

　糖尿病患者の治療には、運動療法、食事療法、薬物療法の三つの方法がありますが、最も大事だといわれているのは食事療法です。糖尿病患者が、血糖、血中脂質、血圧などを良好に維持するためには、栄養とカロリー計算されたバランスの良い食事が必要です。

　ひと昔前は、フルーツには果糖、ブドウ糖、ショ糖などの糖分が多く含まれるので、糖尿病患者はフルーツを食べてはいけないと思われてきましたが、日本糖尿病学会は摂取カロリー量を制限されている糖尿病患者でも、一日80kcalのフルーツの摂取を勧めています。80kcalはリンゴ148g、温州ミカン174g、バナナ93g、イチゴ235gほどです。

　カロリーを抑えつつ食物繊維やミネラルを摂取したい糖尿病患者にとって、フルーツは最適な食品です。フルーツに含まれる食物繊維は、胃腸内で糖質を取り込み、胃に長く滞留することから、糖質の消化や吸収の速度を遅くします。甘いフルーツを食べることは、糖尿病患者にとって厳しい食事制限からのストレス軽減にもなると考えられます。

血管を強化し、コレステロールを下げる
脳卒中予防は「バランスのとれた食事」

　脳卒中はガン、心臓病と並ぶ三大生活習慣病のひとつで、日本における第3位の死因です。

　脳卒中の患者数は現在約150万人といわれ、毎年25万人以上が新たに発症していると推測されています。脳卒中は、脳の血管が詰まる「脳梗塞（脳血栓、脳塞栓など）」と、脳の血管が破れて出血する「脳出血（脳内出血、くも膜下出血など）」に分けられます。主な原因は高血圧や高脂血症による動脈硬化。血液の流れが悪くなることが要因です。

　アメリカで50歳から79歳までを対象に12年間行われた追跡調査で、カリウム摂取量が多いグループは、脳卒中の死亡率が低いという結果が出ました。一人あたり一日390mg、カリウム摂取量を増やすことで、脳卒中による死亡率は40％減少することができたのです。脳卒中のリスクはカリウム摂取が多いと減少し、ナトリウム摂取が多いと増加することも明らかになっています。フルーツやナトリウムをほとんど有さず、カリウムを多く含んでいます。

　またフルーツにはビタミンC、フラボノイド、食物繊維、ビタミンEなどが含まれています。これらは相互に作用し合い血管を強化し、血中コレステロールを下げる効果が期待されています。

骨粗しょう症予防に
ミカンのβクリプトキサンチンが有効か?

骨を強くするのはカルシウムということは、よく知られています。カルシウムの摂取が足りないと、体は骨の中から不足した分のカルシウムを補てんします。骨からのカルシウムを使い続けると、骨密度（骨の密度を表す度合）は下がります。

年をとると自然に、骨密度と骨質量（骨の量を表す度合）は低下します。その結果、骨にスが入ったようになり、もろく折れやすくなる状態になることを「骨粗しょう症」と呼びます。骨粗しょう症は、若年より高年齢の方に起こりやすい症状です。特に閉経後の女性はホルモンの関係から骨密度が急激に低下することが分かっています。

最近の日本の研究報告で、ミカンに特徴的に多く含まれているβクリプトキサンチンの血中濃度が高い人ほど、閉経後の女性の骨密度が高く、また骨密度が低い人の割合がβクリプトキサンチンの血中濃度が低い人たちに比べて約半分以下にとどまっていることがわかりました。この関係は、果物の摂取量でも認められていることから、βクリプトキサンチンの豊富なミカンの摂取が、閉経に伴う骨密度の低下に予防的に働く可能性が考えられます。

骨の形成には骨の材料となる栄養の補給が必要で、ビタミンCやミネラルは欠かせません。これらを多く含むフルーツは、骨形成をサポートする役割を持っています。

フルーツは嗜好品?
「必需品」の意識を持つ人が少ないのが現状

フルーツを習慣的に食べることで、病気の予防と健康な生活を維持する効果が認められています。しかし、依然として「フルーツは必須食品ではない」「食べても食べなくてもいいもの」と考えている人が多いようです。平成23年度厚労科研総括報告書の「2011年社会必需品調査結果」をみると、フルーツが必需品という意識は肉、魚、豆腐、野菜、乳製品と比べて低い、ということがわかります（右図）。

日本でフルーツは、お歳暮や入院見舞い品などの「贈り物」とする文化が育まれているため、贅沢品・嗜好品だという意識があるのかもしれません。

阿部彩：平成23年度厚労科研総括報告書
「2011年社会必需品調査結果」

Fruits column

果物か野菜か。それが問題だ!?
果樹園と畑で異なる地図記号

「本書のデータ、用語など」（→P9）でも触れていますが、農林水産省では「果樹」を「2年以上栽培する草本植物（そうほん）及び木本（もくほん）植物であって、果実を食用とするもの」と定義しています。このため、イチゴやメロン、スイカなどの「一年生草本植物」は、「果樹」ではなく「果実を食用とする野菜」という意味で「果実的野菜」と分類しています。

私たちの日常生活では、イチゴやメロン、スイカは「果物なのか？ 野菜なのか？」と悩むことはほとんどないと思います。しかし、この区別が大問題となるものがあります。それは「地図記号」です。

国土地理院が作成する地図では、道路や建物などを「地図記号」を使って表します。このなかに、土地の使われ方や植物の種類を示す「植生記号」がありますが、「果樹園」と「畑」を示す記号は異なります。

「果樹園」は木になる果物の多くが丸いことから、リンゴの形をモチーフにした地図記号が使われます。一方、「畑」は種を植えて、そこから芽吹いた双葉を意味するVの字で表現されます。つまり、イチゴやメロン、スイカが果物ならば「果樹園」の記号で、野菜ならば「畑」の記号で、地図上に表記しなければならないのです。

この違いが問題になった果物がパインアップルです。パインアップルはれっきとした果物ですが、実がなると元から切り取って収穫します。多年草なので切り取った後の根は枯れませんが、収穫のためには新しい苗を植え替え、同じ苗を「2年以上栽培」しないのが一般的です。果物なのに、野菜のように育てるフルーツなのです。

そこで、国土地理院の2万5千分の1地形図図式では、パインアップル畑は「畑」として扱うことが明記されています。しかし、国土基本図などの大縮尺図では、畑記号と別にパインアップルの記号が定められています。それが、果樹園と畑の地図記号を組み合わせたような形なのが興味深いですね。

果樹園

畑

パインアップル畑

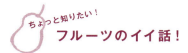
ちょっと知りたい！
フルーツのイイ話！

さて、ここまでフルーツについてたくさん学んできました。ここからは「知っていたら誰かに話したくなる」フルーツとそれにまつわるこぼれ話をご紹介します。

モモには神秘的な力がある？

「モモ・クリ3年、カキ8年」といわれるほど、モモは成長が早く、さらに一度に多くの果実を実らせる生命力の強い植物です。そのせいか、中国では古来よりモモは邪気を払う神秘的、霊的な力があると信じられてきました。

中国六朝時代の詩人・陶淵明の『桃花源記』は、理想の安楽世界を意味する「桃源郷」の語源となった作品です。美しいモモの花が咲き乱れ、世の戦乱を避けた人が自由に暮らす安楽の地。モモはそんな理想の世界と、現実の世界をつなげる入り口にある、神秘的なモチーフになっています。

孫悟空で有名な『西遊記』にもモモの話が登場します。王帝より蟠桃園の管理人を任された孫悟空が、不老不死の力を持つ特別なモモの実を盗んで食べたことで、天空から追放されるというものです。この蟠桃園の持ち主である西王母は、古くから中国では女神として信仰されている人物です。

古代中国では西王母の誕生日である、旧暦三月三日は上巳節として祝われてきました。旧暦の三月三日は新暦の四月初旬ごろ。季節の変わり目で、中国では災いをもたらす邪気が入りやすい時期と考えられていました。そのため、この日は草もちを食べ、モモの酒を飲んで、水辺でけがれを払うという儀式が行われるようになりました。

遣唐使により上巳節が日本に伝わると、宮中では厄払い・無病息災を願う行事として定着し、この日は、紙などで作った人形を自分の身代わりに川や海へ流す「流し雛」を行うようになりました。上巳節は日本では、五大節句のひとつである上巳の節句、別名、「桃の節句」として受け継がれています。現在では厄除けの祭りという側面はなくなり、「ひな祭り」として女の子の成長を願う民間行事として楽しまれています。

そのほか古事記には、黄泉の国を訪れたイザナギノミコトが、黄泉の国の者に追いかけられた際、モモの実を投げて追い払ったという一説もあります。モモの強い生命力が、霊的な力のイメージにつながったのでしょう。

Fruits column

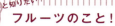
もっと知りたい！
フルーツのこと！

ビタミンの発見で解決した国民病

「フルーツ＝ビタミンが豊富」という知識を持つ人は多いと思います。では、なぜビタミンが大切なのでしょうか？ その研究のきっかけは江戸わずらいと呼ばれた「脚気（かっけ）」でした。

江戸時代、全国各地から多くの人々が江戸へ集まりました。幕府のお膝元である江戸では、当時地方では贅沢品だった「白米が食える」といわれていました。白米は元々、将軍や上層武士、裕福な商人だけが食べていたものですが、江戸は地方に先駆け米の流通システムが整ったことにより、庶民の間でも食べられるようになったのです。

当時、江戸では奇病が猛威を振るっていました。気分が優れない、体がだるい、足がしびれる、怒りっぽくなる、寝込んでしまうなどの不調をうったえる者が次々と現れました。参勤交代の勤番や出稼ぎで江戸に来た人の中にも、江戸患いを発症させる人が多かったのですが、不思議なことに、江戸を離れて里へ帰ると病気はケロッと治るのです。

江戸患いの正体は、ビタミンB1の欠乏によって起きる疾患である「脚気（かっけ）」でした。江戸で白米を主食にしていた者たちは、玄米の胚芽部分に含まれるビタミンB1が欠乏していたのですが故郷へ戻り穀物や野菜、果物などを中心とした食事に戻ると、自然に回復したのです。

脚気は大正時代には結核とならぶ二大国民病と恐れられ、多くの患者、死者を出しました。しかし、1911年に鈴木梅太郎が世界で最初のビタミンであるビタミンB1を発見したことで、脚気は治癒ができる病気になりました。

脚気は過去の病気と思われていますが、最近ではまた患者が増えているといわれています。インスタント食品やジャンクフードの普及、偏った食事によりビタミンB1不足の人が増えているからです。

ビタミンB1を一般的に摂取しやすい食品は豚肉やウナギ、ニンニクです。ただし、ビタミンB1は水溶性のため調理により失われてしまいます。その点、生で食べられるフルーツは手軽にビタミンB1を摂取できるので上手に組み合わせて食生活にとりいれましょう。

品種改良や突然変異で誕生する新品種

「ふじ」、「ジョナゴールド」、「紅玉」など、リンゴひとつとってもその品種は多岐にわたります。果物の品種とは「同じ種類の果物の中で、形態や性質などの特徴に基づいて、ほかのグループと区別できる一群のもの」を指します。遺伝的に同じ場合が多いですが、違うこともあります。人々がより良い果物を求めた結果、様々な新品種が生み出されてきました。消費者は味がおいしく、見た目や香りが良く、長持ちする手頃なものを求め、生産者は病気に強く栽培がしやすい、商品価値の高い品種を求めます。

多くの品種が作り出される背景には、収穫時期を長くするという目的もあります。収穫期が異なる品種を作り出すことで、消費者はより長い間、旬の果物を楽しむことができます。また、生産者にとっては収穫作業を分散させるという利点があります。昔は、「温州」ミカンは冬が旬でしたが、今では「極早生」、「早生」、「中生」、「晩生」と収穫時期が異なる品種が揃ったことで、9月頃から翌3月頃まで食べられるようになりました。

新品種の生まれ方にはいくつかのパターンがあります。その一つが品種改良です。たとえばサクランボの人気品種である「佐藤錦」は、「ナポレオン」と「黄玉」という品種の交配で生まれました。果肉が固く日持ちする「ナポレオン」と、甘いけれど果肉が柔らかく保存が難しい「黄玉」。二つを合わせた種を作り、そこから最も成長が良く、病気に強く、甘くてきれいな実をつけた株を増やすのです。

計画的ではなく、自然に新品種が生まれることがあります。茎や枝の先端にある芽の中で突然変異が起き、そこから先はそれまでの部分と違う性質の茎や枝が伸びることがあるのです。1961年、奈良県の刀根淑民さんのカキ園で「平核無」に突然変異が起き、果実の品質はほぼ同じで1ヶ月も早く熟したカキが登場しました。「刀根早生」と名付けられたこの新品種は、ほかの品種に先がけて市場に出ることから人気の品種となりました。

Fruits column

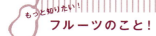
もっと知りたい！
フルーツのこと！

脂肪分が高いフランス料理には赤ワインを

　フランス料理は脂ののったお肉にバターやチーズ、さらにクリームソースなど、脂肪がたっぷり使われます。脂肪分が高い食事を続けるとコレステロール値が上がり、動脈硬化が起こり、狭心症や心筋梗塞などの心臓疾患にかかりやすくなります。しかし、フランスではこのような食事をしているにも関わらず、イギリスやドイツ、アメリカなど他の欧米諸国と比べて、心臓疾患による死亡者が圧倒的に少ないのです。「なぜ脂肪分が多い食事をするフランス人が、心臓病にかからないのか？」この疑問はフレンチ・パラドックスと呼ばれ、長年世界の不思議とされてきました。

　1991年、アメリカCBSのテレビ番組でその謎が解明されました。「赤ワインを飲んでいれば心臓疾患にかかりにくい」と報道されたのです。赤ワインに含まれるポリフェノールは、研究により動脈硬化を予防し、狭心症や心筋梗塞などの心臓疾患の予防に重要な役割を果たすことが明らかになったのです。

　ポリフェノールは白ワインにも含まれるのですが、赤ワインほど多くはありません。それはワインを作る工程に違いがあるからです。白ワインはブドウの皮をむき、種を取り、果肉だけを使って作るのに対し、赤ワインは皮も種もそのまま使います。皮にはアントシアニン、種にはカテキンやタンニン、プロアントシアニジン、レスベラトロールなどの成分が豊富に含まれています。これらはすべてポリフェノールです。中でもブドウの渋みの元であるレスベラトロールは、アメリカの研究チームが「長寿遺伝子を活性化させる」と発表したことで、近年注目を集めている成分です。

　皮や種の成分をあますことなく活かした赤ワインは、ブドウの栄養を摂取する最適な方法といえるかもしれません。フランス人は脂っぽい食事を摂りながらも赤ワインをたくさん飲んでいたことで、心臓疾患を起こしにくい体づくりをしていたというわけです。

　ブドウの他に、ブルーベリー、イチゴ、マンゴー、バナナなどにもポリフェノールは含まれています。現在発見されているポリフェノールは約5000種。健康や美容に効果が期待されており、今後も研究が続けられそうです。

ブドウからつくられるお酒、ワイン

　ブドウは、世界一生産量が多いフルーツです。そのほとんどが生食ではなく、ワイン用として作られています。ワインに詳しい人は産地や生産者、生産年などにより、好みのワインを選びますが、そうでない人はまずブドウの品種を覚えておくと、ワイン選びに役立つでしょう。赤ワインに使われるブドウ品種は黒ブドウです。黒味がかった紫色の果皮や種から抽出される色素（ポリフェノール）が、赤ワインの色を生み出します。

　カベルネ・ソーヴィニヨン（フランス・ボルドー地方原産）は、世界で最も栽培されている赤ワイン品種です。タンニン（渋み）が強く、しっかりした風味が特徴。深みのある色合いと、優美で複雑な味わいでワインらしさを堪能できます。

　メルロー（フランス・ボルドー地方原産）は、タンニンが控えめで酸味が少なく、ふくよかな甘みが特徴です。口当たり、バランスともに良く、どんな料理にも合わせやすいので、ワイン初心者にもおすすめです。近年は、日本の長野県産のメルローも世界的に評価が高くなっています。

　ピノ・ノワール（フランス・ブルゴーニュ地方）は、透明感のあるルビー色と、なめらかな味わいを感じられます。若いうちはフルーティーさと酸味、熟成すると芳醇な香りを楽しめます。栽培が難しい一方で、テロワール（産地の特性）をもっとも引き出す品種といわれています。

　シラー（フランス・ローヌ地方原産）は強いタンニンとスパイシーさが特徴。パワフルで野趣味あふれる一面と、華やかな面も持ち合わせます。相反する二面性と深紅で濃厚な色合いはシラーならではの魅力。暑さや乾燥に強く、オーストラリアでは「シラーズ」という品種名で広く飲まれています。

　マスカット・ベリー A（日本産）は、「日本のワインの父」と称される川上善兵衛により作られた日本初のワイン用品種です。濃厚な甘みと香りが特徴で、果実味のあるワインができます。ほかにもイタリア産のサンジョベーゼや、スペイン産のテンプラニーリョなど、ワイン用品種のブドウだけで数千種あるといわれています。

Fruits column

FRUITS KENTEI
フルーツ検定

フルーツ検定 模擬問題集

　本書では、これまで学んできたフルーツに関する知識が、どのくらい身についているか確かめられる「フルーツ検定」模擬問題集を用意しました。
　本番の検定試験は、下記の実施概要にあるように、60分間で80問が出題されます。模擬問題は、ベーシック、プロフェッショナルの2つのレベル別に40問ずつ用意しました。ぜひ30分間でチャレンジしてみて下さい。
　合格基準は70％以上ですから、28問正答すれば合格です。
　解答には解説もついていますので、よく読みこんで本番の試験でも力を発揮できるように、何度も模擬問題に取り組んでください。

フルーツ検定
○ベーシック（初級）　○プロフェッショナル（中〜上級）試験実施概要

- ●**受験資格**
  フルーツに興味のあるすべての方

- ●**実施級**
  ○**ベーシック**
  フルーツの基礎知識を知りたい方向けの初級レベル。公式テキストを読めば合格可能です。

  ○**プロフェッショナル**
  基礎知識に加えて、より幅広く、深くフルーツの知識を学びたい方向けの中〜上級レベル。公式テキストをしっかり読み込めば合格可能です。

- ●**出題範囲**
  『フルーツ検定公式テキスト（本書）』から出題

- ●**出題形式**
  両級ともマークシート形式（80問）

- ●**合格基準**
  両級とも正答率70％以上

ベーシック(初級)模擬問題

40問／30分

問 1 温州ミカンの主産地に入らないのは次のうちどれか。
①愛媛県　②和歌山県　③静岡県　④青森県

問 2 スイカの原産地で正しいものはどれか。
①南アフリカ　②アジア西部　③中国　④西インド

問 3 西洋ナシの全国シェア約6割を占める地域はどれか。
①長野県　②山形県　③山梨県　④静岡県

問 4 世界四大栗の中で正しくないものはどれか。
①日本栗　②中国栗　③ヨーロッパ栗　④カナダ栗

問 5 ウメの出回る時期で正しいものはどれか。
①5月〜6月　②8月〜9月　③10月〜11月　④2〜3月

問 6 パインアップルの説明で正しいものはどれか。
①追熟するので常温で保存してから食べる
②原産地はブラジル
③分類はパインアップル科パインアップル属
④台湾生まれの「ピーチパイン」は沖縄でも栽培されている

問 7 ネーブルオレンジの主品種で正しいものはどれか。
①ボストンネーブル　②ワシントンネーブル
③マイアミネーブル　④カリフォルニアネーブル

問 8 キウイフルーツの原産地で正しいものはどれか。
①中国　②ニュージーランド　③東南アジア　④北アメリカ

問 9 スイカの一番甘い場所はどこか。
①ツルがついていた側　　②ツルがついていない下側
③種のまわり　　④中心部

問 10 次のうち、バラ科ではないものはどれか。
①日本ナシ　　②スモモ　　③カキ　　④サクランボ（黄桃）

問 11 スダチを特産品にしている県はどこか。
①大分県　　②徳島県　　③高知県　　④山口県

問 12 熊本県が主産地のもののうち、正しくないものはどれか。
①デコポン　　②晩白柚（ばんぺいゆ）　　③サワーポメロ　　④スイートスプリング

問 13 カキの中で、ゴマと呼ばれる黒斑点がみられるのは次のうちどれか。
①西村早生（にしむらわせ）　　②富有（ふゆう）　　③庄内柿　　④干し柿

問 14 バナナの品種「バナップル」の説明で正しいものはどれか。
①シュガースポットが出たら食べごろ
②アップルのような味わいが名前の由来
③皮が黒くなったら熟しすぎの合図
④皮が厚いのが特徴

問 15 次の組合せで正しいものはどれか。
①カキの主産地は、和歌山県、奈良県、福岡県
②スイカの主産地は、熊本県、千葉県、高知県
③リンゴの主産地は、青森県、長野県、滋賀県
④サクランボの主産地は、山形県、北海道、岡山県

問 16 次の言葉のうち、イチジクと関係ないものはどれか。
①無花果　　②平核無（ひらたねなし）　　③蓬莱柿（ほうらいし）　　④桝井（ますい）ドーフィン

模擬問題・解答と解説 … ベーシック（初級）

問 17 中国や韓国の薬膳料理では欠かせない存在で、甘露煮が日本の郷土料理にもなっているフルーツはどれか。
①カリン　　②イチジク　　③ナツメ　　④アケビ

問 18 サンショウの実（実山椒）が出回る時期はいつか。
①6月～7月　　②9月～10月　　③12月～1月　　④3月～4月

問 19 落花生の「実」ができる部分の説明として正しいのはどれか。
①木の上になる　　②花の基部が伸びて地上で実になる
③スイカ・メロンのように地面にはう　　④地中にできる

問 20 ギリシャの国樹「オリーブ」。日本で初めて栽培に成功した県は次のどこか。
①広島県　　②沖縄県　　③香川県　　④愛媛県

問 21 未熟果の青パパイアに含まれる分解酵素「パパイン」の働きは次のどれか。
①デンプンを分解　　②タンパク質を分解
③セルロースを分解　　④水分を分解

問 22 ドラゴンフルーツ（別名・ピタヤ）は果肉の色で分類されるが、実在しないものはどれか。
①レッドピタヤ　　②ホワイトピタヤ
③ブルーピタヤ　　④イエローピタヤ

問 23 甘みが強くねっとりとした口当たりから、「森のカスタード」と呼ばれているフルーツは次のどれか。
①マンゴー　　②ライチ　　③アテモヤ　　④グァバ

問 24 切り口の色が変わりやすいフルーツをカットするときに、色止めに使用する次のもののうち、もっともふさわしくないものはどれか。
①塩水　　②砂糖水　　③レモン水　　④アスコルビン酸溶液

121

問 25 マンゴーのカッティングに関する記述のうち、ふさわしくないものはどれか。
① マンゴーは種があるので、アボカドのように２つに割って種を取り出してからカッティングする
② マンゴーは種があるので、それを避けるようにして３枚にカッティングする
③ 種のある部分は、皮をむいてジュースやアイスで使うとよい
④ 亀の甲羅のようなカッティング方法を「亀甲切り」という

問 26 メロンの約90％は水分だが、その働きでふさわしくないものはどれか。
① 利尿作用に富んでいる
② カリウムが豊富で余分な塩分を排出する
③ 大腸ガンの予防効果が期待されている
④ 高血圧や肥満防止に有効とされている

問 27 次のイチゴの品種のうち「白いイチゴ」ではないものはどれか。
① 初恋の香り　② いばらキッス　③ 雪うさぎ　④ 淡雪（あわゆき）

問 28 国産のサクランボには、アメリカンチェリーに比べ約４倍含まれている栄養素はどれか。
① 炭水化物　② カリウム　③ βカロテン　④ 食物繊維

問 29 エネルギーに変わる早さが異なるショ糖、ブドウ糖、果糖が多く含まれることから、すぐにエネルギーになり、かつ持続性にも優れているため、運動時の補給に適している果物はどれか。
① スイカ　② メロン　③ モモ　④ バナナ

問 30 「緑肉種」のキウイフルーツに含まれる「アクチニジン」の働きは次のどれか。
① 骨を強くする
② 生肉をやわらかくする
③ 血液をサラサラにする
④ 筋肉をつける

問 31 次の柑橘類のうち、生食には向かない「香酸柑橘類」ではないものはどれか。
①スダチ　②ダイダイ　③日向夏(ひゅうがなつ)　④ユズ

問 32 スイカの果肉の赤い色素の「リコペン」に期待されている効果のうち、もっともふさわしいものはどれか。
①加齢による視力低下の予防する
②しみの原因となるメラニンの生成を抑制する
③夜盲症の予防や視力低下を抑制する
④胃の粘膜の再生を促進する

問 33 国内の出荷量（重量ベース、2013年）が最も多い果物はどれか。
①レモン　②ミカン　③リンゴ　④ユズ

問 34 日本ならではのフルーツの呼び名として、正しいものはどれか。
①水菓子　②樹菓子　③草菓子　④甘菓子

問 35 カキに含まれる「渋」のもとは次のどれか。
①カテキン　②タンニン
③アントシアニン　④βクリプトキサンチン

問 36 ウメやレモンに多く含まれ、爽やかな酸味のもととなり、疲労回復の効果が期待されているのは次のどれか。
①ヒアルロン酸　②コハク酸　③クエン酸　④アスコルビン酸

問 37 ワインをつくるブドウ品種のうち、おもに赤ワインをつくる原材料（黒ブドウ）ではないものはどれか。
①カベルネ・ソーヴィニヨン
②ピノ・ノワール
③マスカット・ベリーA
④シャインマスカット

問 38 シュガースポットとは以下のうち、どれを指すか。
①砂糖のように甘いバナナ
②バナナの最も甘い部位
③食べごろであることを示す斑点
④バナナを使った加工品

問 39 「七大栄養素」を構成するファイトケミカルでないものはどれか。
①ミネラル　②βカロテン　③アントシアニン　④カプサイシン

問 40 次の中で、イチゴの正しい洗い方はどれか。
①冷水で洗う
②お湯で洗う
③ヘタを取って洗う
④ヘタを取らずに洗う

ベーシック(初級)解答と解説

問 1 正解 ④
解説 ▶
ミカンの主産地は、和歌山・愛媛・静岡です。

問 2 正解 ①
解説 ▶
スイカの原産地は南アフリカといわれています。

問 3 正解 ②
解説 ▶
西洋ナシは、その約6割が山形県産です

問 4 正解 ④
解説 ▶
世界四大栗は、「日本栗」「中国栗」「ヨーロッパ栗」「アメリカ栗」です。

問 5 正解 ①
解説 ▶
ウメは主に5月〜6月に出回ります。

問 6 正解 ②
解説 ▶
パインアップル科アナナス属のパインアップルは、追熟しません。ピーチパインは沖縄生まれ。

問 7 正解 ②
解説 ▶
ネーブルオレンジの主な品種は「ワシントンネーブル」です。

問 8 正解 ①
解説 ▶
キウイフルーツの原産地は中国です。

問 9 正解 ④
解説 ▶
スイカは、中心部が一番甘い場所です。

問 10　正解 ③　解説 ▶
カキは、カキノキ科になります。

問 11　正解 ②　解説 ▶
スダチは徳島県の特産品です。

問 12　正解 ③　解説 ▶
文旦類の品種「大橘（おおたちばな）」は、熊本県産をパール柑、鹿児島県産をサワーポメロの名で流通しています。

問 13　正解 ①　解説 ▶
ゴマと呼ばれる黒斑点は、不完全甘柿にみられるので、①が正解です。

問 14　正解 ②　解説 ▶
バナップルは、アップルのような味わいが名前の由来です。シュガースポットが出ないのが特徴です。

問 15　正解 ①　解説 ▶
スイカの主産地は熊本県、千葉県、山形県。リンゴは、青森県、長野県。サクランボは山形県、北海道になります。

問 16　正解 ②　解説 ▶
「平核無（ひらたねなし）」は、「種なし柿」として出回っているカキの品種です。

問 17　正解 ③　解説 ▶
ナツメは、薬膳料理をはじめ幅広い用途で使われているほか、岐阜県の飛騨地方では、ナツメの甘露煮（かんろに）が郷土料理として食べ継がれています。

問 18　正解 ①　解説 ▶
若葉からつぼみ、果実、果皮まで食用できるサンショウの実（実山椒）は、6月～7月に出回ります。

問 19　正解 ④
解説▶
落花生はマメ科の植物では珍しく、花が地上に咲き、実が地下にできます。

問 20　正解 ③
解説▶
オリーブは、明治時代に香川県の小豆島で初めて栽培に成功し、今では小豆島の特産品になっています。

問 21　正解 ②
解説▶
パパインは、タンパク質分解酵素のひとつで、肉類などをやわらかくする働きを持ちます。

問 22　正解 ③
解説▶
ドラゴンフルーツは、果皮と果肉が赤い「レッドピタヤ」、果皮は赤く果肉が白い「ホワイトピタヤ」、果皮が黄色で果肉が白い「イエローピタヤ」に分類されます。

問 23　正解 ③
解説▶
アテモヤは「森のカスタード」などと呼ばれています。

問 24　正解 ②
解説▶
リンゴなどをカットするときは、塩水やレモンやライムなどの果汁を加えた水、アスコルビン酸（ビタミンC）溶液につけながらカットします。

問 25　正解 ①
解説▶
マンゴーは種があるので、それを避けるように縦にナイフをいれて、種のある部分とない部分の3枚にカッティングするのが基本です。

問 26　正解 ③

解説▶
水分を豊富に含むメロンは、利尿作用に富み、カリウムも豊富なため余分な塩分を排出し、高血圧や肥満防止に有効とされています。

問 27　正解 ②

解説▶
いばらキッスは「とちおとめ」を親に持ち、熟すと赤くなるイチゴです。

問 28　正解 ③

解説▶
国産のサクランボには、アメリカンチェリーに比べβカロテンが約4倍含まれます。

問 29　正解 ④

解説▶
バナナはすぐにエネルギーになり、かつ持続性にも優れているため、運動時の補給に適しています。

問 30　正解 ②

解説▶
果肉が緑色のキウイフルーツには、生肉をやわらかくする働きのある、タンパク質分解酵素の「アクチニジン」が含まれています。

問 31　正解 ③

解説▶
日向夏は、リンゴのように黄色い外皮を薄くむき、甘みのある白皮と果肉を一緒に食べます。

問 32　正解 ②

解説▶
赤い色素の「リコペン」は、しみの原因となるメラニンの生成をおさえ、日焼け（赤み）の軽減に役立つことが期待されています。

問 33　正解 ②

解説▶
ミカンの2013年出荷量は804,400トンで国内1位でした。

問 **34** 正解 **①**
解説▶
果物は、江戸時代頃から人工的に作った甘いお菓子と区別するため、水菓子と呼ばれるようになりました。

問 **35** 正解 **③**
解説▶
カキの渋みのもととなるタンニンは、植物界に広く存在するポリフェノールの一種です。

問 **36** 正解 **③**
解説▶
ウメやレモンなどの柑橘類に多く含まれるクエン酸は、乳酸の生成を抑制し、疲労回復にも効果が期待されています。

問 **37** 正解 **④**
解説▶
シャルドネは、白ワインをつくる白ブドウです。

問 **38** 正解 **③**
解説▶
シュガースポットは、食べごろを表す濃茶色の斑点です。

問 **39** 正解 **①**
解説▶
ミネラルは、ビタミンと共に「五大栄養素」を構成する栄養素です。

問 **40** 正解 **④**
解説▶
ヘタを取って洗うと、その部分からビタミンなどの栄養素が流れ出してしまいます。

プロフェッショナル(中～上級) 模擬問題

40問／30分

問 1 長野県オリジナル「りんご三兄弟」に入らないものは次のうちどれか。
①シナノゴールド　②秋映(あきばえ)　③北紅(きたくれない)　④シナノスイート

問 2 リンゴの中で「ゴールデンデリシャス」を親に持たない品種はどれか。
①つがる　②シナノゴールド　③王林(おうりん)　④ふじ

問 3 次のうち3つは同じカキを指しています。正しくないものはどれか。
①庄内柿(しょうないがき)　②おけさ柿　③平核無(ひらたねなし)　④次郎柿

問 4 キュウリと同じウリ科キュウリ属はどれか。
①メロン　②アボカド　③パパイア　④カリン

問 5 イチゴはバラ科のどこに属するか。
①フランスイチゴ属　②オランダイチゴ属
③アメリカイチゴ属　④チュウゴクイチゴ属

問 6 同じバラ科の仲間ではないものはどれか。
①ウメ　②サクランボ　③アンズ　④ヤマモモ

問 7 アンズの英語名で正しいものはどれか。
① apricot　② plum　③ prune　④ loquat

問 8 次のうち3つは同じ果物を指しています。正しくないものはどれか。
①桜桃(おうとう)　②西洋実桜(せいようみざくら)　③ peach　④ cherry

問 9 バナナの説明で正しいものはどれか。
① 購入後冷蔵庫で追熟させる　　② モクセイ科に分類される
③ バンレイシ科に分類される　　④ 原産地は東南アジアである

問 10 キウイフルーツのレインボーレッドが育種されたのはどこか。
① 和歌山県　　② 静岡県　　③ 福岡県　　④ 神奈川県

問 11 次の説明で正しいものはどれか。
① 日向夏(ひゅうがなつ)は「和製グレープフルーツ」と呼ばれている
② 伊予柑(いよかん)は、そのほとんどが和歌山県で栽培されている
③ 河内晩柑(かわちばんかん)は「ジューシーオレンジ」の別名をもつ
④ ハッサクは、旧暦の 8 月に花を咲かせるのでその名が付いた

問 12 次のカンキツ類のうち、愛媛県のオリジナル品種はどれか。
① 甘平(かんぺい)　　② 麗紅(れいこう)　　③ セミノール　　④ タンカン

問 13 次の説明で間違っているものはどれか。
① 大分県ではセミノールをサンクイーンの名で出荷している
② 湘南ゴールドは黄金柑(おうごんかん)を親にもつ
③ 天草(あまくさ)は手で皮をむきやすく、ビタミン C が豊富
④ 紅(べに)まどんなの品種名は「愛媛果試(えひめかし) 28 号」

問 14 文旦(ぶんたん)の原産地で正しいものはどれか。
① マレー半島　　② 日本　　③ 中国　　④ インド

問 15 ミカンの英語名で正しいものはどれか。
① Japanese orange　　② mandarin　　③ tangerine　　④ tangor

問 16 次のイチジクについての記述のうち、間違っているものはどれか。
① 中の赤い粒が花である
② 江戸時代に渡来した品種は「蓬莱柿(ほうらいし)」である
③ 果実の中では食物繊維が少ない
④ お尻の部分が割れているものは熟しすぎのこともある

問 17 次の記述のうち、間違っているものはどれか。
①イチジクの品種「蓬萊柿（ほうらいし）」は、「日本イチジク」とも呼ばれる
②ザクロは、いきいきとした赤い色をいかした前菜やデザートに使われる
③アケビの近縁品種でアケビ科のムベは、熟しても果皮は割れない
④マルメロは平安時代に中国から渡来し庭木として植えられたことが、カリンは明治時代に導入された欧米種が、栽培の始まりといわれている

問 18 ブルーベリーに関する次の記述のうち、正しいものはどれか。
①小粒のほうが甘く、果皮の色が濃く、張りがあるものを選ぶ
②表皮にブルームがあるものは、傷んできている
③日本で本格的に栽培がスタートしたのは、1970年代と歴史が浅い
④「浅間ベリー」と呼ばれるクロマメノキは、マメ科なのでブルーベリーとは関係がない

問 19 次のベリーのうち、バラ科ではないものはどれか。
①ラズベリー　　②ブラックベリー
③グーズベリー　　④ボイセンベリー

問 20 西洋では、オリーブの種を抜きとり、中に赤ピーマンやアンチョビなどを詰めたものをオードブルとして食べますが、これをなんと呼ぶか。
①グリーンオリーブ　　②スタッフドオリーブ
③ピクルス　　④タップナード

問 21 次のβクリプトキサンチンに関する記述のうち、正しいのはどれか。
①色素カロテノイドの一種で、動脈硬化の予防が期待できる。
②オレンジに含まれるβクリプトキサンチンは、ミカンよりも多い。
③バレンシアオレンジには、ネーブルオレンジの約1.6倍のβクリプトキサンチンが含まれている。
④完熟のパパイアには、青パパイアの約6倍のβクリプトキサンチンが含まれている。

問 22 次の記述のうち、間違っているものはどれか。
① パパイアの別名は「時計草」である
② パッションフルーツは、完熟すると自然落果する
③ ドラゴンフルーツは、サボテンの実である
④ スターフルーツは、甘味種と酸味種がある

問 23 次の記述のうち、正しいものはどれか。
① アセロラは、日持ちがするので常温で保存する
② アテモヤの原産地は、アフリカである
③ ライチの根は、うがい薬にも用いられている
④ グァバは、ヤマモモ科である

問 24 ヤマモモの主産地で、ヤマモモが「県の木」にも指定されている県はどれか。
① 山形県　　② 長野県　　③ 徳島県　　④ 佐賀県

問 25 フルーツをカッティングする際に、色止め（褐変防止）に使うアスコルビン酸は次のどれか。
① ビタミン A　　② ビタミン B　　③ ビタミン C　　④ ビタミン D

問 26 次の言葉のうち、仲間はずれのものはどれか。
① レモン　　② ベーコン　　③ リスボン　　④ ユーレカ

問 27 国内で初めて育成されたタンゴール類で、育種親として多用されている柑橘類はどれか。
① 文旦（ぶんたん）　② 不知火（しらぬい）　③ 清見（きよみ）　④ 伊予柑（いよかん）

問 28 明治時代に導入された当初、カリンと誤認して栽培された歴史を持つマルメロ。カリンが「市の木」に選定されており、今でもマルメロのことを「カリン」と呼ぶ地域はどこか。
① 長野県諏訪市　　② 青森県弘前市
③ 香川県高松市　　④ 秋田県能代市

問 29 以下のうち、サクランボの品種でないものはどれか。
①佐藤錦　　②ナポレオン　　③黄玉　　④紅玉

問 30 次の栄養素のうち、ビワなどに比較的多く含まれ、粘膜の形成を促す役割をするといわれているのはどれか。
①ビタミンC　　②ビタミンD　　③ビタミンA　　④ビタミンF

問 31 次のビタミンのうち、オレンジなどに多く含まれ、一緒に摂取することで鉄分の吸収を促進させるのはどれか。
①ビタミンA　　②ビタミンB6　　③ビタミンB12　　④ビタミンC

問 32 大正時代に結核と並び二大国民病と恐れられた脚気は、何が欠乏して起きる病気か。
①ビタミンA　　②ビタミンB1　　③ビタミンB6　　④ビタミンE

問 33 次の記述のうち、間違っているものはどれか。
①キウイフルーツには、雄株と雌株があり、果実がなるのは雌株だけである
②ナツメと見た目や食べ方が似ている「デーツ」は、ナツメとは異なるヤシ科ナツメヤシの果実である
③カラントは、別名クロミノウグイスカグラと呼ばれ、北海道では不老長寿の果実といわれてきた
④ゴヨウアケビは、アケビとミツバアケビの交雑種といわれている

問 34 「世界三大美果」と呼ばれているフルーツではないものはどれか。
①マンゴー　　②チェリモヤ　　③ライチ　　④マンゴスチン

問 35 沖縄県や九州で「バンシロ」「バンシルー」「バンチキラ」と呼ばれているフルーツはどれか。
①アテモヤ　　②パパイア　　③パッションフルーツ　　④グァバ

問36　イチジクに含まれる「フィシン」という成分の働きとして正しいものはどれか。
①ナトリウムの排出を促す
②タンパク質の分解を促す
③体温を上げる
④疲労をとりやすくする

問37　次の日本在来の香酸柑橘類で名称と地域の組み合わせが正しいものはどれか。
①柚香（ゆこう）×高知県
②ゆうこう×広島県
③じゃぽん×長崎県
④木酢（きず）×福岡県

問38　次の内、βカロテンが、プロビタミンAと呼ばれる理由はどれか。
①体内でビタミンAを生成する
②体内でビタミンAを蓄積する
③体内でビタミンAに変換する
④体内でビタミンAの排出を促す

問39　以下の内、モモに関するエピソードが登場しない物語はどれか。
①西遊記　②古事記　③方丈記　④桃花源記

問40　世界でもっとも多く栽培されている果物はブドウだが、ワイン用の品種は、世界でおよそ何品種あるといわれているか。
①数十種　②数百種　③数千種　④数万種

プロフェッショナル（中〜上級）解答と解説

問 1　正解 ③
解説▶
「りんご三兄弟」はシナノゴールド、シナノスイート、秋映(あきばえ)の三種です。

問 2　正解 ④
解説▶
ふじは、国光(こっこう)とデリシャスの掛け合わせです。

問 3　正解 ④
解説▶
平核無(ひらたねなし)は、庄内柿、おけさ柿とも呼ばれます。

問 4　正解 ①
解説▶
メロンの分類は、ウリ科キュウリ属になります。

問 5　正解 ②
解説▶
イチゴの分類は、バラ科オランダイチゴ属になります。

問 6　正解 ④
解説▶
ヤマモモの分類は、ヤマモモ科ヤマモモ属になります。

問 7　正解 ①
解説▶
アンズは英語で apricot です。

問 8　正解 ③
解説▶
サクランボは、桜桃(おうとう)、西洋実桜(せいようみざくら)、cherry の名を持ちます。

問 9　正解 ④
解説▶
バショウ科のバナナの原産地は、東南アジアといわれています。購入後は、常温で保存します。

問 10　正解 ②
解説▶
レインボーレッドは静岡県の農家が育種した品種です。

問 11　正解 ③
解説▶
和製グレープフルーツと呼ばれるのは河内晩柑（かわちばんかん）で、伊予柑（いよかん）の主産地は愛媛県です。ハッサクは、旧暦の8月に食べられることからその名が付いたといわれています。

問 12　正解 ①
解説▶
甘平（かんぺい）は愛媛県で育種された品種です。

問 13　正解 ③
解説▶
天草（あまくさ）は手で皮をむきにくい品種です。

問 14　正解 ①
解説▶
文旦（ぶんたん）はマレー半島（とインドシナ）が原産地といわれています。

問 15　正解 ②
解説▶
ミカンは英語で mandarin です。

問 16　正解 ③
解説▶
イチジクは豊富な食物繊維のペクチンを含み、大腸の働きを助けます。

問 17　正解 ④
解説▶
マルメロとカリンが逆。カリンは平安時代に中国から渡来し、マルメロは明治時代に導入された欧米種が栽培の始まりといわれています。

問 18 正解 ③

解説▶
ブルーベリーは 20 世紀初頭にアメリカで育種研究がはじまり、日本では 1970 年代に本格的に栽培がスタートしました。

問 19 正解 ③

解説▶
グーズベリーは、ユキノシタ科スグリ属です。

問 20 正解 ②

解説▶
種を抜きとり、中に赤ピーマンやアンチョビなどを詰めたオリーブをスタッフドオリーブと呼び、オードブルなどに使われます。

問 21 正解 ④

解説▶
βクリプトキサンチンは、色素カロテノイドの一種で骨粗しょう症の予防が期待できます。オレンジはミカンと比べると含有量が少ないですが、ネーブルオレンジにはバレンシアオレンジの約 1.6 倍のβクリプトキサンチンが含まれています。

問 22 正解 ①

解説▶
パパイアの別名は「木瓜」。時計草は、パッションフルーツの別名です。

問 23 正解 ③

解説▶
アセロラは日持ちがしないので早めに食べきります。アテモヤの原産地はアメリカ、グァバはフトモモ科です。

問 24 正解 ③

解説▶
徳島県は、藩制時代から飢饉時の代用食としてヤマモモを保護育成してきました。

問 25 正解 ③

解説▶
アスコルビン酸は、ビタミン C です。

問 26 正解 ②
解説 ▶
リスボン、ユーレカはレモンの品種ですが、ベーコンはアボカドの品種です。

問 27 正解 ③
解説 ▶
清見（きよみ）は、温州ミカンの「宮川早生」とネーブルオレンジ系の「トロビタオレンジ」を交配して育成された日本初のタンゴールです。

問 28 正解 ①
解説 ▶
マルメロは、明治時代に長野県諏訪地方で栽培が始まり、当時はカリンと誤認して栽培していたといわれています。

問 29 正解 ④
解説 ▶
紅玉はリンゴの品種です。

問 30 正解 ③
解説 ▶
ビタミンAが不足すると、粘膜が弱くなり、鼻やのどが乾燥するといわれています。

問 31 正解 ④
解説 ▶
鉄分は吸収されにくいという性質を持っているので、ビタミンCと一緒に摂取しましょう。

問 32 正解 ②
解説 ▶
脚気は過去の病気と思われがちですが、現在また患者が増えているといわれています。ビタミンB1は生のフルーツからもとることができます。

問 33 正解 ③
解説 ▶
北海道で古くから不老長寿の果実といわれていたのは、ハスカップです。

問 34　正解 ③

解説▶
マンゴー、チェリモヤ、マンゴスチンが「世界三大美果」と呼ばれています。

問 35　正解 ④

解説▶
グァバは、沖縄や九州の方言で「バンシロ」「バンシルー」「バンチキラ」と呼ばれています。

問 36　正解 ②

解説▶
フィシンは、タンパク質分解酵素です。このため西欧では肉料理に使われます。

問 37　正解 ④

解説▶
「柚香」は徳島県、「ゆうこう」は長崎県、「じゃぼん」は広島県の在来香酸柑橘類です。

問 38　正解 ③

解説▶
ミカンやスイカなどに含まれるβカロテンは、体内でビタミンAに変わることからプロビタミンAと呼ばれます。

問 39　正解 ③

解説▶
方丈記にはよく知られるモモのエピソードはありません。

問 40　正解 ③

解説▶
ワイン用のブドウの品種は、数千種あるといわれています。

●参考文献
『果物・種実　新・食品辞典６』河野友美編／真珠書院
『地域食材大百科　第３巻　果実・木の実、ハーブ』農文協編／社団法人　農山漁村文化協会
『からだにおいしいフルーツの便利帳』三輪正幸監修／高橋書院
『日本果物史年表』梶浦一郎著／養賢堂
『くだもののはたらき』間苧谷徹・田中敬一著／全国柑橘消費拡大対策協議会
『日本食品標準成分表　2015年版（七訂）』文部科学省
『フルーツパーラー・テクニック　カッティングと盛り付けとデザートと役立つフルーツ図鑑』タカノフルーツパーラー著／柴田書店
『フルーツ＋野菜のおいしいレシピ　TAKANOのごちそうサラダ』株式会社新宿高野／永岡書店
『知ればもっとおいしい！食通の常識　厳選フルーツ手帖』／世界文化社
『フルーツひとつばなし　おいしい果実たちの『秘密』』田中修／講談社
『銀座千疋屋監修　くらしのくだもの12か月』銀座千疋屋監修／朝日新聞出版社
『野菜のソムリエ　栄養と保存と調理の知恵『ベジフルキッチン』』日本ベジタブル＆フルーツマイスター協会／幻冬舎
『野菜のソムリエ　おいしい野菜とフルーツの見つけ方』青果物健康推進委員会監修／小学館
『第六次改定　日本人の栄養所要量―食事摂取基準』健康栄養情報研究会（第一出版）
『ポケットクリニック／完璧活用　ビタミンブック』鈴木吉彦（主婦の友社刊）
『果物の新常識』田中敬一　原田都夫　間苧谷徹（誠文堂新光社）
『改訂版果物の真実』間苧谷徹　編著（今月の農業編集室）
『日本人のしきたり』飯倉晴武（青春新書）

●写真提供協力団体
岡山県
茨城県
（株）大地を守る会
千葉県
長野県農政部
栃木県
一般財団法人高知県地産外商公社
（公）香川県観光協会
（一財）徳島県観光協会
PIXTA（ピクスタ）
Fotolia

●参考サイト
果物ナビ
http://www.kudamononavi.com/
一般社団法人日本青果物輸出入安全推進協会
http://www.fruits-nisseikyo.or.jp/
国立健康・栄養研究所「健康食品」の安全性・有効性情報
https://hfnet.nih.go.jp/
果物ではじめる健康生活 毎日くだもの200グラム！
うるおいのある食生活推進協議会
http://www.kudamono200.or.jp/
日本人の食事摂取基準（2015年版）の概要
http://www.mhlw.go.jp/file/04-Houdouhappyou-10904750-Kenkoukyoku-Gantaisakukenkouzoushinka/0000041955.pdf
健康日本21
http://www.kenkounippon21.gr.jp/kenkounippon21/about/kakuron/index.html
東京都福祉保健局
http://www.fukushihoken.metro.tokyo.jp/shokuhin/shokuten/kanmiryo.html
日本食品分析センター
http://www.jfrl.or.jp/index.html
暮らし歳時記　http://www.i-nekko.jp/
ワインすき by Mercian　https://winesuki.jp/
エノテカ　https://www.enoteca.co.jp/
くだものフォーラム　果物を食べよう！～データから見る果物摂取の健康効果～
http://www.maff.go.jp/j/seisan/ryutu/fruits/pdf/hayashi.pdf
果樹をめぐる情勢
http://www.maff.go.jp/j/seisan/ryutu/fruits/attach/pdf/index-5.pdf
NO! 梗塞 .net
http://no-kosoku.net/about/
公益社団法人日本糖尿病協会
http://www.nittokyo.or.jp/

さくいん

- アーモンド … 71
- アールスメロン … 25
- あかつき … 28
- アケビ … 63
- 朝倉山椒（あさくらさんしょう）… 66
- アセロラ … 78
- アップルマンゴー … 74
- アテモヤ … 78
- アボカド … 46
- あまおう … 26
- 天草（あまくさ）… 51
- 甘夏（あまなつ）… 54
- アメリカンチェリー … 31
- アロニア … 70
- アンズ … 29
- 安政柑（あんせいかん）… 53
- アンデスメロン … 25
- あんぽ柿 … 21
- イチゴ … 26
- イチジク … 62
- 市田柿（いちだがき）… 21
- いばらキッス … 27
- 伊予柑（いよかん）… 54
- ウメ … 32
- 栄神（えいしん）… 66
- 黄金柑（おうごんかん）… 56
- 桜桃（おうとう）… 30
- 王林（おうりん）… 15
- 大石早生（おおいしわせ）… 29
- 大橘（おおたちばな）… 53
- 大玉スイカ … 16
- オリーブ … 75
- オレンジ … 42
- オレンジ日向 … 57

- 甲斐路（かいじ）… 23
- カキ … 20

- カシス … 69
- カシューナッツ … 71
- カボス … 58
- カラ … 13
- カラント … 69
- カリン … 64
- 河内晩柑（かわちばんかん）… 55
- 川中島白桃（かわなかじまはくとう）… 28
- かんきつ中間母本農6号 … 57
- 甘平（かんぺい）… 51
- キーツマンゴー … 74
- キウイフルーツ … 44
- 紀州みかん … 13
- 希房 … 33
- キャベンディッシュ … 37
- 久寿（きゅうじゅ）… 66
- 巨峰 … 23
- 清見 … 50
- きらぴ香 … 27
- キルッシュ … 31
- 金柑（きんかん）… 56
- ギンナン … 66
- 銀寄（ぎんよせ）… 33
- グァバ … 79
- グーズベリー … 70
- グミ … 70
- クランベリー … 70
- クリ … 33
- グリーンキウイ … 45
- クリスタルチェリー … 31
- クルミ … 71
- グレープフルーツ … 40
- クロミノウグイスカグラ … 68
- クワ … 70
- 紅玉（こうぎょく）… 15
- 香酸柑橘類 … 58
- 幸水（こうすい）… 19
- ゴールドキウイ … 45
- コケモモ … 70
- 小玉スイカ … 17

- 小夏 … 55

- 蔵王つるし柿 … 21
- サクランボ … 30
- ザクロ … 63
- 雑かん類 … 54
- 佐藤錦 … 31
- ザボン … 53
- サマーフレッシュ … 57
- サルナシ … 45
- サンショウ … 66
- 三宝柑（さんぽうかん）… 57
- シイクワシャー／シークヮーサー … 59
- シーベリー … 70
- シナノゴールド … 15
- 島バナナ … 37
- 清水白桃（しみずはくとう）… 28
- シャインマスカット … 23
- 春光柑（しゅんこうかん）… 57
- 不知火（しらぬひ）… 50
- 白いイチゴ … 27
- スイートスプリング … 57
- スイカ … 16
- スウィーティー … 41
- スカイベリー … 27
- スターフルーツ … 77
- スダチ … 58
- スナックパイン … 39
- スムースカイエン … 39
- スモモ … 29
- 西洋ナシ … 18
- 西洋実桜（せいようみざくら）… 30
- せとか … 51
- セミノール … 56
- ソルダム … 29

- ダイダイ … 59

142

太陽 … 29
高砂 … 31
タンカン … 55
タンゴール類 … 50
チェリー … 30
つがる … 15
藤九郎（とうくろう）… 66
土佐文旦 … 53
とちおとめ … 27
トムソンシードレス … 23
ドラゴンフルーツ … 77
ドレインチェリー … 31

なつたより … 33
ナツミカン … 54
ナツメ … 65
鳴門（なると）オレンジ … 57
南高（なんこう）… 32
西村（にしむら）早生 … 21
二十世紀 … 19
日本ナシ … 18
ニューサマーオレンジ … 55
ネーブルオレンジ … 43
ネクタリン … 28

ハーコット … 29
パインアップル … 38
白鳳 … 28
ハス … 46
ハスカップ … 68
ハッサク … 55
パッションフルーツ … 76
バナップル … 37
バナナ … 36
ハニーデューメロン … 25
パパイア … 76
はるか … 56
はるみ … 51

バレンシアオレンジ … 43
晩白柚（ばんぺいゆ）… 53
ピーチパイン … 39
ピオーネ … 23
ピスタチオ … 71
ひめのつき … 57
日向夏（ひゅうがなつ）… 55
平核無（ひらたねなし）… 21
ビワ … 33
フィリピンマンゴー … 74
ふじ … 15
ブドウ … 22、34
ぶどう山椒 … 66
富有（ふゆう）… 21
ブラックベリー … 69
ブラッドオレンジ … 43
プラム … 29
フランボワーズ … 68
ブルーベリー … 67
プルーン … 29
文旦類 … 53
ベーコン … 46
紅秀峰（べにしゅうほう）… 31
紅（べに）まどんな … 51
ボイセンベリー … 70
豊水（ほうすい）… 19
蓬莱柿（ほうらいし）… 62
ポポー … 65
ホワイト … 41
ポンカン … 13
ボンタン … 53

桝井（ますい）ドーフィン … 62
松の実 … 71
マラスキーノチェリー … 31
マルメロ … 64
マンゴー … 74
ミカン … 12
陸奥（サン陸奥）（むつ）… 15

ムベ … 63
メロン … 24
茂木（もぎ）… 33
モモ … 28

山ブドウ … 23
ヤマモモ … 78
夕張メロン … 25
ゆうべに … 27
ユーレカ（ユーリカ）… 47
ユズ … 59

ラ・フランス … 19
ライチ … 79
ライム … 47
ラカタン … 37
ラグビーボール型スイカ … 17
ラズベリー … 68
落花生 … 71
リスボン … 47
リンゴ … 14
ルビー … 41
麗紅（れいこう）… 51
レインボーレッド … 45
レモン … 47

ワシントンネーブル … 43
和平（わへい）ぐり … 33

編集協力

（公財）中央果実協会

果樹に関する行政施策と連携し、果樹の需給の安定的拡大と果樹農家の経営の安定を図るため、
① 果実の需給調整
② 果樹経営に対する支援
③ 果実流通加工対策
④ 果実の消費拡大と食育の推進
⑤ 調整・情報提供
など、各種事業を実施している。
http://www.kudamono200.or.jp/JFF/

装丁・ロゴデザイン：山口真里（SPAIS）
アートディレクション：熊谷昭典（SPAIS）
ブックデザイン：SPAIS（山口真里　宇江喜桜　大木真奈美）
　　　　　　　　田中恵美　高道正行
イラスト：ホリナルミ
撮影：山崎ゆり
フードスタイリング：いとうゆみこ
編集：本間朋子（Let It Be Ltd.）
執筆：佐々木恵美　福田優美　本間朋子

フルーツ検定公式テキスト
けんていこうしき

2016年12月15日　初版第1刷発行

編　者　実業之日本社
発行者　岩野裕一
発行所　実業之日本社
　　　　〒153-0044　東京都目黒区大橋1-5-1　クロスエアタワー8階
　　　　電話（編集）03-6809-0452　（販売）03-6809-0495
　　　　http://www.j-n.co.jp/

印刷所　大日本印刷株式会社
製本所　株式会社ブックアート

©Jitsugyo no Nihon Sha, Ltd. 2016 Printed in Japan
ISBN978-4-408-00893-6（第一趣味）

落丁・乱丁の場合は小社でお取替えいたします。
実業之日本社のプライバシーポリシー（個人情報の取扱い）は上記サイトをご覧ください。
本書の一部あるいは全部を無断で複写・複製（コピー、スキャン、デジタル化等）・転載することは、法律で認められた場合を除き禁じられています。また購入者以外の第三者による本書のいかなる電子複製も、一切認められておりません。